教育，
使人成為他自己

教育，
使人成為他自己

沒有好成績

就不可能有好成就？！

化「不」為「可能」，
別讓分數抹殺了孩子的天賦！

推薦序

藝起動身——尋找安定慢活的創意學習方式

　　這幾年看著至豪成長許多，不論是自我學習的態度或者積極創作自己的鋼琴演奏，目的都是希望自己不要平庸當一位補習班的教師，經由好友鄭匡宇博士的激勵，與我常常跟至豪分享藝術教育與美學培育和藝術鑑賞，讓他除了補習班教書之外，也增添了不少藝術美學的滋潤和生命的寬度，「藝術教育」可以洗滌人性，宣揚正面的能量和態度，更是不可或缺的生活方式。

　　看著至豪再出版他人生的第二本書，真是為他感到開心與欣慰，因為他是如此奮鬥與追逐自己的夢想，他希望讓自己的天賦和天命，達到自我理想中的高度淬鍊，他希望台灣教育制度可以邁向「多元發展創意」課程的培養，探索與發掘學生的天分，有效率的培養興趣科目學習，千萬不要讓傳統家長、老師指定孩子學習無聊的科目與透過無謂的補習再補習，扼殺了學生的熱情和態度，現今當紅的教育學者如曾志朗、洪蘭、高希均等教授，以及台灣飯店教父嚴長壽，均不斷地積極演講和傳播，呼籲各級學校及政府長官要讓台灣的傳統教育邁向「活化創意」的時代，需要認清楚學生們想要學習什麼？不想要什麼？如何引導開放式、創意式？想辦法讓學生們開拓國際視野的高度，不再只是跟隔

壁同學或鄰居在競賽而已。

　　TED（美國私人非營利組織，常召集眾多不同領域的傑出人物發表演講）最激勵人心的大師肯‧羅賓森（Ken Robinson）和盧‧亞若尼卡（Lou Aronica），在2013年最新在台灣發表的《發現天賦之旅Finding Your Element》書中提到：「你的天賦，決定你真正的樣子。」如今至豪這本關於教育改革的新書，也提供學校、家長和學生們新的看法和見解，讓大家共同一起解決討論，更適合更有效的方案和策略，來為台灣教育進行大翻轉和檢視的機會。

　　最近與鄭匡宇博士及至豪，以一起共同發起2013-2014年藝起動身——〈尋找安定慢活的創意學習方式〉為目標，引導台灣上班族、企業家、教師、學生們對於藝術教育、創意生活、表演藝術的認知了解，目標為在全台灣進行100場示範表演與演講，為十二年國教進行新的生命，翻轉藝術與人文教育的新制度。希望可以長期灌溉台灣藝術教育及人文素養的培養，注入文化的滋養，我認為：舞蹈藝術生活美學，是生活的寬度，是藝術的深度，當代的創意，則是經典的累積。藝術，激發我們的感官、精神和智慧讓人愉悅，也充滿娛樂與驚喜，讓每一個人發揮自己的天賦和天命，探索自身的創意和自由飛翔的心靈。

　　最後希望透過我與至豪正面積極、以行動實踐和勇敢追逐的夢想，讓台灣民眾可以慢慢感受到「藝術」、「人文」、「教育」、「美學」在生活中的價值，以及對於藝術美學的認知所在，期盼每一位台灣教育者都可以真心注入「創藝」心的源泉。

台灣舞界限舞蹈劇場／藝術總監　**李偉淳**

屬於自己的教育之路

「教育，是國之大計。」這是每個人都耳熟能詳的一句話。從教育方針的擬定到政策的執行，不論是政府官員還是市井小民，都與之息息相關。尤其這陣子十二年國教的實施在台灣鬧得沸沸揚揚，更顯示社會大眾對於這個議題的重視。身為教育界的一份子，我自然也對未來教育的走向非常關注。但在這裡，我也不得不老實說一句，如果大多數人對教育最基本的觀念不正確的話，就算政策再怎麼改，也是枉然！

我常常跟同事與學生們說，台灣教育最成功的一點，大概就是讓大部分的青年學子在考完大考之後，從此再也不碰書本！這其實一點也不誇張，因為從小自己身邊的同學和後來教過的學生當中，的確有不少這樣的例子。對於這樣的情況，我以前一直不解，直到學了一些心理學（尤其是NLP的Anchoring，即心錨理論）之後，才恍然大悟。用填鴨、處罰、威脅等方式逼出來的教育結果，只會讓學生把學習跟痛苦的情緒做神經的連結，這也難怪日後會把讀書這件事視為毒蛇猛獸，避之唯恐不及了。這也就是為什麼台灣學生在中小學時期的程度，通常遠高於歐美國家，但到了大學和研究所之後，再與這些國家相比卻一落千丈。「激起孩子們學習的興趣」，這樣的理念或許在

短時間內看不到成效，但卻會讓人一輩子都想不斷學習，體會其中的快樂。既然如此，為什麼還要死守著「不打不成器」這樣的迂腐觀念不放呢？

　　很高興在好友至豪的新書中，看到他清楚闡釋了教育真正的目標：「充分開發一個人的潛能，使其能夠擁有最美好的人生。」我舉雙手贊同這樣的看法，尤其是在開發個人潛能的部分。一昧地要求所有學生接受同樣的教育和考試，而無法適應的人就被冠上愚笨、劣質或放牛班的稱號，絕對達不到開發潛能的目標，因為很多潛能無法經由一般的考試制度所發掘。從小我也和許多人一樣，背負著父母的期望長大。由於父親一直有未完成留美學業的遺憾，因此他的理想就落在我們兄弟的身上。從有記憶以來，我就知道將來的目標是要到美國取得博士學位！這聽起來是非常大的壓力，但幸運的是，父親並沒有限制要讀哪一科的博士。當我後來決定結合自己的興趣與專長讀運動科學時，他也十分贊同。這樣的決定也讓我找到最讓人稱羨的工作（有時候甚至連我也懷疑現在是在工作還是休閒？）；但我知道大多數的人就沒那麼幸運了。在自身夢想跟家長期待的衝突下，最終還是放棄了自己的夢想，走了一條家人為自己選擇的路。這樣的生活會快樂嗎？相信在看完書中科技主管和醫生的例子之後，讀者們會找到答案。

　　朝著自己理想的目標前進，也許並不輕鬆，但在堅持的每一天當中，都會有充實的滿足感。刻意勉強自己走不喜歡的路，也許會有衣食無缺的生活，但最後換來的可能是更多的遺憾。你，準備好走上真正屬於自己的教育之路了嗎？

成功大學管理學院體育健康休閒所副教授　**鄭匡佑**

開發每一個人的潛能，擁有美好人生

　　十二年國教入學新制今年首度實施，面對這一教育上的重大變革，除了引發諸多的討論與爭議之外，也引爆了家長的恐慌。但不可諱言的，十二年國教所帶來的制度改變與衝擊，也讓我們難能可貴的得以重新省思「教育」的本質。

　　沒有好成績，就不可能有好成就嗎？以往傳統的教育總是以「拿到好分數、考上好大學、找到好工作」為首要目標，父母親們不斷的告訴我們，一定要考高分，才能唸好學校，未來才會有前途、賺大錢。但是，一路這樣走過傳統教育的我們，真正出類拔萃、賺大錢的所謂成功人士又有多少？可悲的是，現在絕大多數的孩子們仍在重蹈覆轍，仍在這樣的老舊迷思裡苦讀著，仍在與考試分數和父母的期待下拔河著。親愛的爸爸媽媽們，你們於心何忍讓孩子經歷我們曾受過的苦難？各位家長該醒醒了！時至今日，不論哪所大學畢業，出來社會大多仍是22K薪水起跳，即使名校出身領多一點點，但是否就真的高人一等呢？

　　那麼，到底「教育」的本質與目的是什麼？如果用一句簡單的話來表達我認為教育的目標，那應該要是：「充分開發一個人的潛能，使其能夠擁有最美好的人生。」

　　什麼是最美好的人生，雖然因人而異。不過還是有一些普遍的共識，例如：大部分的人應該都同意，美好的人生，應該要有能力賺取足夠花用的財富、能夠為了做自己喜歡的事情而活著、擁有愛、擁有成就感、能夠充分實現自我的夢想……可以列舉的項目還有很多，但是光從這幾個大主題，去檢視現在學生的教育結果，相信我們一點也不難承認：「當前教育的成效，確實相當的失敗！」

　　現在的教育體制仍很制式化，孩子根本不太可能有機會藉由教育來實現自我。但這樣的教育已經無法跟上時代腳步。尤其目前全球化的趨勢讓孩子們面臨更多的競爭與挑戰，現在要的是懂得彈性變通，有創新思維的人才，所以傳統教育的方式確實是時候該要開始轉變了，要更能緊密結合全球的社會脈

動，讓孩子們更有能力掌握資訊，因應瞬息萬變的世界趨勢。但如果傳統教育還是以不變應萬變、堅持好分數才有好未來的迷思，孩子很可能會因此而輸掉整個未來。

一直以來，許多有遠見的人，都期待能夠掙脫這種傳統教育，並帶給孩子新的教育模式（姑且稱之為未來教育），讓每個人都能夠找到適合自己的教育方式來成長，讓每個人都能夠用自己最美好的姿態活著，而不是永遠以「拿到好分數、考上好大學、找到好工作」為首要的教育目標。而全世界其實已經有非常多極富盛名的先驅者，跟我在提倡一樣的教育觀念，這些人包括強調解放天賦和創意的學者─肯‧羅賓森（Ken Robinson）、倡導孩子財務教育作家─的羅伯特‧T‧清崎（Robert ToruKiyosaki）、激發人類潛能的講師─安東尼‧羅賓（Anthony Robbins）等。這些享譽國際的教育專家都普遍強調，開發一個人天賦和熱忱，才是教育最重要的事，絕非像我們現在這樣的教育模式，制定同樣的遊戲規則，然後強迫所有人都被訓練成一樣的模子，不能或不願意變成我們教育要的樣子的那些學生，就被貼上學力不佳的標籤，然後被排除在這場傳統教育的遊戲之外。

根據一項國中生調查顯示，「家長」是學生們最大的壓力來源；而且，有超過半數的國中生，學習的動機並不強烈，僅僅是被「家長期待」和「學校考試」驅動著。這樣的結果，其實一點也不令人驚訝！因為，我們大多數的人的確也是這樣走過來的；而我們同樣的也讓孩子們照著我們的期待成長。現代父母仍然不夠積極和放開心胸，去賞識小孩子早慧的獨特天分，總想拔除掉他們身上不被我們認同的創意，硬生生將所有兒童大眾化、平凡化。於是，大多數乖乖聽話的人，最終漸漸變得平庸、狹隘，幸運的話，將會變成社會的一顆螺絲釘，但是卻無法充分展現自己真正原本可以翱翔的人生，自我實現此生的熱情和能量，這真是一項十分可惜的事。

如果，父母親們都能夠有開放的胸襟，有「伯樂」的慧眼，適時的放手，並為孩子創造發揮天份的環境及平臺，以支持的態度鼓勵孩子，讓孩子努力成為他們想要做的人，一定可以和他們一起成就美麗而精彩的人生。

教育應該要幫助孩子發掘天賦。我期待有一天，我們能擁有一個美好的世界，每個人都是真心的喜愛和認同自己的人生，每一個人都有能力追求自己真正想要的生活。人存在的價值，並不只是為了吃飽喝足，而是為了成就人生的美麗和精采。希望本書能成為每個孩子開啟美好人生的一把鑰匙，幫助每個人都找到自己的天賦，以最美麗的姿態，在這個充滿熱情的世界飛翔並大放異彩。

目錄 Contents

推薦序 | 004 ● 作者序 | 008

第1章 教育巨變時代的來臨

如果有一天，世界上的70億人，每個人都專注開發自己的天賦和熱忱，這個世界將擁有越來越多的發明家、藝術家、運動員、科學家……那世界會是多麼的繽紛和美好，我們會有更好用的科技、乾淨充足的食物和飲水、更多好看的戲劇、表演、出版品、好玩的活動和新奇的事。

重新檢視教育的目的—浪費了青春？增加了競爭力？‧‧‧‧‧‧014
傳統教育的受害者—對傳統教育忽略人性需求的指控‧‧‧‧‧020
現代學生的困境—為什麼孩子都默默承受傳統教育？‧‧‧‧‧033
宗教裡的教育—與傳統教育共通的特性‧‧‧‧‧‧‧‧‧‧‧037
傳統教育的省思—教育能讓學生面對未來嗎？‧‧‧‧‧‧‧‧041

第2章 我們需要什麼樣的教育？

台大哲學系傅佩榮教授說：「哲學是用理性探討宇宙人生的根本真相」。如果一個人從來沒有認真去思考過人生的真相，它就好像在大海隨波逐流的獨木舟一般，只看得到人生是一片汪洋和未知，既不知道自己身處何方，也不知道未來可能可以往哪裡去。

家長們的功課─該為孩子提供什麼樣的教育 ・・・・・・・・052

哲學教育─孕育心靈和思想的教育 ・・・・・・・・・・054

自我探索教育─了解自我才能展望未來 ・・・・・・・・058

兩性教育─在兩性關係上得到滿足是人性 ・・・・・・・067

創業財務教育─培養一輩子不需為錢而活的能力 ・・・・・073

第3章 讓孩子與世界接軌的網際網路

在這個全球化、網路無國界的時代，越是符合利他、慷慨的特質，並且能夠利用網路貢獻你的價值給全世界的人，就越能夠讓全世界認識你，喜愛你，與你合作，你也就有比別人更多的機會，將這些變成你人生旅程中精采的篇幅，甚至能夠轉換成有形與無形的利潤，變成你個人的資產。

網際網路登場─一個連結全世界的新時代 ・・・・・・・・086

網路的演化─泡沫後的浴火重生 ・・・・・・・・・・090

全新的遊戲規則─塑造出一批全新的贏家 ・・・・・・・・093

加入這場遊戲─成功方程式就是模仿成功的人 ・・・・・・099

網路經典成功傳奇─不可思議的網路魅力 ・・・・・・・109

免費教育時代的到來─有史以來資源最多的時代 ・・・・・・119

第4章　打造自己的星光大道

　　有人說：「天才就是發現藏在自己身體內的潛藏力量。」這個世界上肯定有無數的人，還沒有發現自己身體內的天賦，因為太多的人從小就被教導：

「你應該要考好分數」

「以後要努力考上好大學」

「你要找一個收入好又輕鬆的工作」

「你要好好的為你的老闆工作」

「你該結婚生小孩，教育他好好念書」

哲學人生—可以過自己想要的生活嗎？・・・・・・・・・・・・・・・・・ 132

夢想方程式 1—夢想三要素 ＝ 夢想的起點・・・・・・・・・・・・・ 136

夢想方程式 2—瘋狂的努力 ＝ 必經的歷程・・・・・・・・・・・・・ 145

夢想方程式 3—驚人的作品 ＝ 未來巨星的誕生・・・・・・・・・・ 151

夢想方程式 4—貴人的提攜 ＝ 成就夢想的臨門一腳・・・・・・・・ 154

第5章　不靠傳統教育也能成功

　　當世界每天都在高速演化，未來的科技更加人性化，各項新發明更加的神奇好用，那些還在死守傳統教育路線，以考好分數和進好學校為唯一求學目標，學習的是數十年大同小異教材的學生，將十分可能在詭譎莫測的未來世界競爭中，遠遠落後那些掌握未來教育並靈活多元的學生。

天賦時代─沒有龐大的人脈錢脈也能夠成功 ・・・・・・・・・・・・162

小賈斯汀（Justin Bieber）─風靡全球的少年歌星 ・・・・・・・・164

賈伯斯（Steve Jobs）─帶領科技大跳躍的霸氣天才・・・・・・・168

喬迪恩（Harli Jordean）─令人跌破眼鏡的幼齒老闆 ・・・・・・173

卡麥隆・強森（Cameron Johnson）─5歲開始做生意的商業天才・・・・176

ⒸⒶⒷ 第6章　迎接未來教育的曙光

未來的世界會需要越來越多充分開發自己潛能，並充滿創意和熱情的新世代領導人，來帶領人類創造不凡的歷史。這些未來在等待的人才，真正的特色在於創意、熱情、樂觀、感性、智慧等特質，絕不是守舊、聽話、呆板等這些傳統教育所形塑的特質。

勇敢面對不同的教育─足夠認識自我才有選擇的勇氣 ・・・・・・・184

學校的未來轉型─從傳統教育進化成未來教育的必經過程 ・・・・190

人的無限潛能─過去不可能不代表未來不可能 ・・・・・・・・・198

未來在等待的人才─洞悉未來才能不被時代淘汰 ・・・・・・・・206

活到老、學到老、玩到老─誰說老而無用？・・・・・・・・・・・215

前言

學習的新革命－
面對12年國教衝擊，如何提早為孩子打造成功未來？

重點1：協助孩子克服12年國教的恐懼

12年國教來勢洶洶，要讓孩子在教育的變革下，也能夠成為最大的贏家，調整孩子與自己的心態，才是當前父母最大的功課。

●與孩子一起選填志願

12年國教至目前為止，最令人頭疼的就是選填自願的比序辦法，從前的排序通常依照約定俗成的學校聲望排下來，家長和孩子都有可以參照的標準；但最新的國中會考比序卻是連成人也摸不清頭緒，加上孩子剛跨入懵懂的青春期，尚未有判斷決策的能力，此時絕對需要父母在一旁輔導孩子，更同與孩子釐清，並且做出選擇。

●給孩子發展的空間

幾乎所有學區皆採的比序項目，就是評估孩子的體適能、競賽成績或是擔任幹部的經驗等，不再只重視孩子的學科能力，就算學科強的孩子，也需要一些社團參與或才藝活動來調劑；學科不強的孩子，也可以從其他項目找到自己的技能，所以父母應該放手，給孩子自由探索的空間。

●須團結一心，教改才會成功

父母需發掘孩子的能力與長才，不再以分數為衡量標準，鼓勵孩子多利用學校資源以及老師的協助，而社會也應該提供更多豐富的社團活動及場所，落實志願服務的理念。

●克服恐懼，客觀分析

雖然教改存在許多為人詬病的不當措施，但或許家長可以試著看事情好的一面，深入了解後找出教改的優點，並且做客觀的分析，並且做出調整。

重點2：資訊爆炸時代，多加運用網路資源

在網路世界的通則就是，你要收穫，就先付出，若是你的付出越能幫助到別人，若是你越能夠透過網路讓世界更美好，往往你就會獲得有形或無形的回報，而且是更多倍的回報。

●從開放的環境獲得更成功的機會

這個世界已經變動得太快了，在封閉的傳統教育之外，隨時都會有新奇和強大的新發明和新事物，有一些可能可以幫助我們更快速的成功、更廣泛的發揮我們的才華和影響力。因此，就教育的立場，我認為我們一定要讓孩子能擁有一個開放的環境，隨時接觸這個世界的新事物，才不會因為不知道、不了解，而錯過了原本可以讓孩子更成功的機會。

●利用線上學習的優勢提升孩子的學習效果

很多人認為，面對冰冷冷電腦的線上學習，永遠無法取代實體的教學。確實，實體教室有它直接面對面的優點，但同樣的，線上教學也有實體教室無法取代的優勢，這樣的優勢還在不斷增加當中，甚至到最後根本就超過實體教室的學習效果，舉例來說：免費、公平、經過篩選，品質更好、量身訂做的學習過程，或是學生來自全球，有助於共同學習的體驗，都是在實體教室中所找不到的。

重點3：幫助孩子找到自己的熱忱與天賦

大家都知道，植物的栽培都必須要適性而為，那麼人的栽培又豈能只用同一種教育方式？這不但相當沒道理，更是對無數心智的一種嚴重傷害。所以，如果沒有「因材施教」，那麼教育有時反而會妨礙我們發現孩子的天賦。

重點4：該怎樣幫助孩子找到他自己的潛能和天賦呢？

●從孩子表現的四大方向觀察：興趣、能力、特質、價值觀

可以從孩子的興趣、能力、特質與價值觀，這四大方向來觀察，對於未來的選擇將會更事半功倍，尤其是「能力」這一塊，是需要經過審慎評估的，因為有了能力，未來孩子在學習上才會比較有興趣，才有可能發展出專業技能。建議家長們，在把孩子送到學校之前，就該要開始持續探索他們的特質。

●善用迦納（Howard Gardner）提出的「多元智慧論」

迦納（Howard Gardner）提出的「多元智慧論」將人類列出八種智能類別，包括語文智能、邏輯數學智能、空間智能、身體運動智能、音樂智能、人際智能、內省智能，以及自然觀察智能。透過這些類別，家長可以比較有概念來觀察或評估自己的孩子天賦何在。

●讓孩子廣泛的嘗試各種事物

當孩子廣泛的嘗試各種事物時，父母只需要做個有耐心的觀察者或是鼓勵的角色，看看孩子特別著迷或喜愛哪些事物；或在哪些領域展現過人才能，那有可能就是他們的天命所歸。父母們就要應該要支持他去做自己想做的事。例如，風靡全球的少年偶像小賈斯汀，他在2、3歲時，媽媽就發現他能無師自通的打鼓、彈鋼琴、吹小喇叭……，媽媽不僅沒有以學校的成績來衡量他的價值，反而在他成長的路上支持他去展現自己的天份和熱忱。

其實，面對多元的現代世界，很多事情無法預測，建議父母不如放手給孩子更寬廣的視野，彼此都能更快樂，千萬不要把我們想要他變成的樣子強加在他身上，扼殺了孩子未來更多的發展可能。

第 *1* 章

教育巨變時代的來臨

如果有一天，世界上這70億人，每個人都專注開發自己的天賦和熱忱，這個世界將擁有越來越多的發明家、藝術家、運動員、科學家……那這個世界會是多麼的繽紛和美好，我們會有更好用的科技、乾淨充足的食物和飲水、更多好看的戲劇、表演、出版品、好玩的活動和新奇的事物。

重新檢視教育的目的——
浪費了青春？增加了競爭力？

當前台灣的傳統教育，普遍有一個主流的方向，就是要求孩子「拿到好分數、考上好大學、找到好工作」。在這樣的指導方針下，從小學、國中到高中職，每個孩子都要跟國文、英文、數學、社會、自然這些「基本科目」奮鬥，等到升上大專院校之後，所有學生則要跟該科系的專業科目，也就是一些規定好的必修和選修等科目奮鬥。

這些過程總共要費時將近二十年，並且多半艱辛無比，而且很難成功。但是絕大多數的學生，還是會咬緊牙關繼續奮鬥下去，因為對他們來說，這就像是在草原上向前集體奔跑的羚羊，大家都這麼做，自己也覺得必須要這麼做，沒有為什麼。

他們從來沒有機會去問，這場人生的遊戲規則，究竟是誰規定的？他們也沒有辦法去真正了解，為什麼人生必須花費這麼多寶貴的時間，來奉獻給這些科目？這樣的問題，即使很多人在學生時代曾經想過，但是多半也只是在腦袋裡面匆匆一瞥，因為在父母、老師、學校、升學考試的多重壓迫下，沒時間也沒心情去問這些問題，去想這些事情，只能繼續接受被安排的人生，乖乖走下去。

等到經歷完這約莫十幾、二十多年的努力，終

於拿到大學、碩士、甚至博士的學位後，父母會為你感到一種莫名的驕傲，親朋好友也會熱烈地恭喜你（雖然夜深人靜時你可能說不上來這有什麼好高興的）。同時，你也提醒自己，要準備開始找工作，正式開始賺錢養活自己和家人！於是離開學校後，你就開始遵循社會的既定模式，開始到處找尋工作，成為所謂的職場新鮮人，開啟另一段辛苦的人生。

日子過得很快，不用多久，你就習慣了每天上班、下班、一成不變的辛苦日子，這樣的生活又像學生時代般忙碌而辛苦，壓著自己喘不過去。有時候想想，人生這樣還真有些無奈……不過無奈歸無奈，生活還是要繼續過下去，工作還是要繼續做下去，因為你有繳不完的帳單、房租、開銷，你有所謂的社會責任、家庭責任壓著你，你知道你必須做個負責任的人，所以即使不喜歡，你還是會每天努力做很多辛苦而乏味的事，最後在喘口氣之餘安慰自己：「這就是人生。」

人生，真的必須那麼的不自由和無奈嗎？

人生，真的必須這樣按照別人設定好的劇本乖乖的演完它嗎？

現在，讓我們把場景拉回學生時代。

如果你還是個小孩，哪一天突然忍不住問父母或老師，到底為什麼要上學，會得到什麼樣的答案呢？

「去學校是為了學習做人處事的道理。」

「好好念書考上好大學，才有好工作。」

「有好的知識才有好的謀生能力。」

「上學本來就是應該的啊！」（這種有講跟沒講一樣）

諸如此類……

一直以來，我們都習以為常而且大致相信這樣的答案，為我們十幾年辛苦的「上學接受教育」找到一個合理的說法，但是身處現代世界的我們，稍微觀察周遭的社會，不禁會發現，這樣的說法漸漸越來越跟事實脫節，甚至有些可笑了。

去上學是為了學習做人處事的道理嗎？我們很好奇，究竟有多少人在學校裡面學到了做人處事的道理？學校又有多少時間是用在教導學生們良善、尊重、互助、關懷、熱情？效果又如何？三不五時社會新聞就出現同學霸凌、過度體罰、師生對立、衝突等等新聞問題，有多少人相信學校有能力教導好做人處事的道理？

去上學是為了有好的工作嗎？近日的新聞無薪假，22K鬧得沸沸揚揚，流浪教師的問題持續了好多年，台灣一堆辛苦念到博士的人一樣找不到教職、工作。從前把書念好可以找到好又穩定工作的夢想已經變成沒把握的幻想了！其實我們還有另外一個角度更該思考，為什麼一個人要為了得到一份辛苦的「工作」，花了十多年的青春，辛苦的接受教育。有些人會說，有工作才有收入啊！辛苦工作才能養活自己和家人啊！原來，很多人辛苦的接受教育是為了，未來順利過另一段辛苦的人生，聽起來有些悲哀……

去上學是為了取得知識嗎？不能否認在任何時代，有好的知識都是很重要的事，但是學校教育給予的真的是合適的知識嗎？是適合不同資質、不同潛能、不同興趣的人嗎？是真正能讓大部分學生在現在和未來得以應用和落實的嗎？我們簡單提一個的問題：一個對數學壓根兒沒興趣也沒天

分，未來更沒有一點期望要從事數學工作的學生，仍要被逼著學習如何解高階方程式，被逼著整天算連題目都看不太懂的數學題目，請問，這樣的學習歷程對這個學生來說目的何在？又有何意義呢？

　　但是很可惜的，我們的學校，從小學、國高中職五專、大學、研究所，每天都在上演著這樣的矛盾。每天每天，我們都在強迫無數的學生，學好我們規定的科目，不問他是否有這方面的天分，也不問他是否有這方面的興趣，更不見得在乎，這樣的科目對他的人生是否能應用和實踐。只因為政府當局規定要學習這些科目，不學好這些科目就不能升上好的學校，我們就繼續配合政策為孩子演出這一場人生大戲。傳統教育就是用這麼古板的理由，來壓迫孩子付出他十多年的寶貴青春歲月。

　　我們可以隨機找到一百個大學畢業生來訪問：「請問你認為從小學到大學畢業花了16年的青春歲月，是否明顯感受到因為國文、英文、數學、大學專業科目等課程，幫助你讓你的人生更為美好和快樂？」我想，答案恐怕是非常不樂觀，這就是當前傳統教育的一大問題！傳統教育究竟浪費了我們多少青春？

 **報導分享**

全球年輕人普遍看不到未來

中國時報【陳文和/綜合報導/2012/08/12】

　　八月十二日是聯合國「國際青年日」（International Youth Day），聯合國祕書長潘基文在此前夕發表書面致詞，對當今前所未見的年輕

人高失業率表示憂心，他敦促各國政府與企業採取緊急措施，投資福利計畫及開創就業機會，以助年輕人免於淪為才能無法發揮、理想破滅的「失落的一代」。

潘基文指出，當前全球經濟危機對年輕人衝擊最深。根據「國際勞工組織」統計，現今全球約有七千五百萬青年失業，是成年失業人口的三倍，更多的年輕人所得極其微薄，約二億二千八百萬青年每日收入不到二美元，且這現象普遍發生在各級學歷的年輕人身上。

潘基文說，當今年輕世代人數是全球有史以來之最，其中絕大多數生活在開發中國家，他們具備前所未有的促進全人類福祉的潛力，然而，全球經濟危機導致許多年輕人看不到未來前景，對各自國家的政治、社會與經濟發展感到幻滅，更深感無力改變日益懸殊的貧富差距。如不採行緊急因應措施，年輕人恐將淪為「失落的一代，才能不得施展、理想無以實現。」

他強調，各國政府、民間企業、公民社會與學術機構必須提供年輕人奧援，與年輕人領導的組織強化夥伴關係，為年輕人敞開大門，讓他們得以成長茁壯，進而造就未來具開創性與強勢能力的領導人才。

「國際勞工組織」也警告說，開發中國家年輕勞工面臨失業率攀升、停工頻繁、工作朝不保夕、眾多勞工始終難以脫貧的多重風險，有成為「傷痕累累」（scarred）的世代之虞。

在遭受歐債危機衝擊的歐洲，西班牙廿五歲以下青年失業率高達53％，早已讓歐洲聯盟頭痛不已，而今據希臘統計局公布的資料，今

年五月希臘十五歲到廿四歲青年的失業率也高達54.9％，較去年同期

暴增13.9個百分點。同一時間，希臘廿五到卅四歲青年的失業率則達

到31.6％。

對傳統教育忽略人性需求的指控——

傳統教育的受害者

傳統教育過份重視學科，以「拿到好分數、考上好大學、找到好工作」為首要目標的教育思維，嚴重縮限了每個人獨特潛能的開發，企圖把所有人都塑造成「很會念某些特定科目的乖寶寶」。**在這樣的教育環境之下，那些天賦和熱忱都剛好在傳統教育的科目上，並且未來也幸運遇到合適就業市場的人，就成了這場教育遊戲中的首要贏家。**他們不但在求學時較為順遂、快樂、受肯定，畢業後通常也能順利安身立命，不需整天煩惱生計問題。但很可惜的，這些人是少數中的少數！

大部分人根本不適合傳統教育

多數的學生，就顯然沒有這樣的好運。其中有一部分雖然頭腦不差，但是卻缺乏學習傳統教育科目的熱忱，在學校裡面偶有機會心血來潮，可以突然表現得很好，但是平常對上學念書都是懶懶散散，讓老師和家長十分頭疼。這樣的孩子通常還會被迫背負一種傳統教育賦與他的原罪，就是「能念好書就等於應該念好書」。在這樣的觀念影響之下，他們最常被數落的就是：「你明明就是能夠念書的，但為什麼就是不肯好好念書！」要不然就

是：「如果你把聰明才智用在對的地方（指念書）就好了，唉～～」

另外還一種學生，雖然有心想要把書念好，但無奈天分就是不夠，英文單字背也背不起來，數學題目算也算不出來。家境好的，父母還有錢可以請家教、送補習班，將來勉強還可以擠進個不錯的大學。家境不好的，往往也只能眼睜睜看著小孩自生自滅，走一步算一步，就算憂心也沒有什麼辦法。

然而最慘的是那些，從小被傳統教育的枷鎖牢牢拴住，但是卻對傳統教育既沒有天分、更沒有熱忱、畢業後也沒有那樣的好運，能夠遇到繁榮的市場迎接他的人（也就是這幾年的局勢）。這樣的小孩，不但從小到大往往在家長和老師的否定中成長，對自己十分沒有自信心，畢業後又無法在就業市場找到肯定，人生幾乎淪為一種全盤皆輸的無奈和痛苦。

隨著整個社會越來越進步和開放，我們可以發現，已經有越來越多的人，展現出各種多元的天賦，為這個世界注入每天都不一樣的新事物。但是，即使這個世界上明明已經越來越多元，我們社會上也歡迎各種新奇有趣的人和事物。但那些從小就被傳統教育只重視學科觀念釘死的孩子，即使長大後脫離了傳統的學校教育，也早已錯過了開發自身潛能的黃金時期。於是只能無奈的繼續跟著傳統教育給予的「人生藍圖」，努力找一份可以餬口的工作，過著失去夢想的人生。

在2013年的今天，全世界人口已經超過70億人，試想，如果有一天，世界上這70億人，每個人都專注開發自己的天賦和熱忱，為這個世界貢獻自己的頭腦，這個世界則會擁有越來越多的發明家、藝術家、運動

員、科學家⋯⋯那這個世界會是多麼的繽紛和美好，我們會有更多更好的生活方式，會有更好用的科技、乾淨充足的食物和飲水、更多好看的戲劇、表演、出版品、更多好玩的活動、和更多新奇的事物。相反的，如果我們灌輸給每個小孩的是，他們不論是否有獨特的天賦和特別的興趣，全部的人都應該花費大半的青春歲月，學習同樣的國、英、數等學科，並追逐所謂的名牌校系，那這世界就是一場悲劇，而這就是我們傳統教育正在做的事。

 **經歷分享**

竹科主管的辛酸故事

網路上流傳著一篇「一個36歲竹科RD（研究發展）主管寫的文章」，這篇文章的年代，估計已經超過十年，作者已難以考據。不過背後傳遞出的血淋淋教訓，真的是值得我們認真思考。當初它被貼在網路上時，多少理工科系的男生看完之後，感同身受到眼眶簡直都要泛出淚了！也因為作者用自己的切身之痛來陳述，好幾年來，這篇文章一直在網路上引起非常廣大的迴響，也被大量的轉載在各部落格，在此我們也來看看這個辛酸的故事，並且來探討造成這樣悲劇的原因：

國中為了高中聯考補習，有的人國一就在補了。到了高中或高職為大學聯考補、為四技二專補，念了大學發現大學生多了又去補研究所。一補就是大二補到大四畢業。念了研究所以為可以輕鬆了，發現

老師每天都在找人做奴隸，每晚待在研究室裡一待就是16個小時。

　　研究所畢業以後，進了上市公司當了RD工程師。以為人生終於可以享受努力換來的果實了。結果呢……早上8點半上班晚上12點半下班，一個月六萬多……。

　　不知不覺已經36歲了！

　　如果你問我過去這36年來可以回憶出些什麼？我想了很久……我可以告訴你，12歲以前我只記得考試沒有滿分，少一分打一下。16歲以前，我只記得老媽每天說沒有考上雄中你就不要做人了，還要每天被迫穿上雄中的校服睡覺。18歲那年，我覺得我愛上了每天和我一起等公車的雄商女孩，鼓起勇氣向她搭訕的時候，她告訴我我背後的男生已經向她告白了（高雄高工的）。

　　媽媽說沒關係，等你考上一流的大學，會有很多女生倒追你。我不知道什麼是一流的大學，我只知道哪一所大學女生多就是我心中的第一志願。19歲那年夏天高高興興的吃完補習班的慶功宴，想要回家填志願卡。心想終於可以到輔大享受「所有的男人都會犯的錯」時。媽媽說你給我念交大！

　　當我大三那年我仰望著天空大喊：「史密斯阿你的電子學是寫給鬼看的啊！」碩一那年遇到了我小學同學在中正路開修車場，薪水一個月十二萬，他是雄工畢業的……

　　而我退伍之後，在竹科一家小公司上班愛上了當時的總務科小

姐，猶豫了兩年決定展開行動時她拿出一張喜帖給我……於是我離開了公司（傷心地）。

今年我36歲了……沒交過女朋友沒騎機車載過女生，沒和女生握過手……沒有愛情……只有每天面對一台Viewsonic555的TFT螢幕，喀喀喀喀的鍵盤聲。之前我發表的文章得到大家的熱烈迴響，可能是因為我文筆不好。很多人以為我是感慨沒有女朋友，而看不出我文中所想表達的意思。就在我寫這篇文章的時候正好是早上3點，我正在準備明天中午的午餐會報資料。你知道這就是RD部門主管的生活，你們知道嗎？

就在剛剛我在樓下買了一包七星和一杯咖啡，仰望著天空看著星星。說實在的我有時真的覺得自己是不是應該自殺重新投胎。免得時時刻刻被寂寞所凌遲轟炸……回想起小時候功課沒有滿分學校是少一分打一下，回到了家裡還要再被打一次。到了國中念了不知道為什麼叫A段班的奇怪班級（那時還有能力編班）。國中的生活，似乎就是為了考高中而活。念了高中似乎又是為了考上一流的大學而活。

考上了大學，以為人生真的開始舒服平坦了！也不知道老媽是聽了那個王八蛋說：「念電機最好考研究所的奇怪意見。」又被抓去考研究所，我這一生好像就是為了升學、考試而活著，我很想問學校的老師為什麼要念那麼苦？也很想問我老媽為什麼要我念第一志願？可是我聽到的答案永遠都是「為了你的前途為了你的將來」就是因為這句話，我從小被教育成以為那些沒考上大學的或是沒念好學校的，將

來一定要吃苦，將來一定要靠勞力吃飯，「將來」一定……沒好下場……

但事實的情況和你想的會很不一樣。可是我不知道所謂的將來要多久，我等了36年就如親朋好友所預期的，一家上市公司的小主管一年，一百五十萬的年薪、一台LEXUS3000休旅車、一棟46坪位於市區的公寓、一堆股票、一堆存款以及自己一個人。也許很多人會羨慕我小有成就，但是我想告訴你這不是幸福更不是快樂。當你們瘋狂的追逐著名校的研究所，瘋狂的期待將來有著百萬年薪、名牌轎車時，你的下場十分有可能像我一樣。因為這些奢侈的物質生活，對許多RD而言根本連去使用的時間都沒有。況且如果沒有一個心愛的人，陪你一起享受這一切那麼……一切的努力都將是毫無價值的……

因為當你到了我這個而立之年時，你會恍然覺得你將一生最寶貴的青春架構在自己的痛苦上。去追求人人稱羨的名利是多麼不值得……該玩樂的時候就要玩樂，該睡的時候就要睡，該交女朋友的時候就要去追！不要把自己的生命浪費在課本考試還有補習班上面，不要羨慕那些所謂的科技新貴、什麼股票分紅百萬年薪之類的。那些只不過是老闆吸乾你的血液之後吐回一點給你而已。沒什麼了不起的……難道真的要念研究所……真的要念台、清、交、成，真的要當RD才能賺大錢嗎？你們真的認為台灣的經濟不景氣嗎？不要被媒體騙了，找工作沒那麼難，只要努力工作，各行各業百萬年薪比比皆是！順便告訴你們一件事，當年我們班上只要待在RD部門的不是未婚就是離

婚，還有一個更慘……孩子的老爸不是他……

　　不知道大家看文這篇有什麼感想？我轉貼這篇文章，並不是要告訴大家，當工程師不好，絕對不是！而是要分享一個很明確的訊息：「教育絕對不應該是把孩子導向單一價值觀（名牌學校、好的工作），而忽視了其他生命經驗對一個人圓滿人生的重要性（玩樂、運動、交男女朋友）。教育應該是讓每個人依照自己的特性，賦與他們最美好人生的可能性。這個可能性的實現，不是以世俗的價值為標準，而應該以每一個人發自內心的快樂和幸福為最終的依歸。

　　以文中的例子而言，除非這位作者本身就真心的喜愛當工程師，並且在過程中感到快樂而充實，甘願為了這個目標放棄人生中其他的生活體驗，否則絕對不應該只是為了追逐一個膚淺的社會頭銜或討一口飽飯吃，而過著空虛的生活，放棄你追求真正快樂人生的權力。

　　不過說句老實話，雖然這是我的信念，但也真的並不是每個人都覺得這有什麼不好，尤其根據我的觀察發現，很多父母搞不好會覺得，這樣子很好啊！有房子、有車子、有存款、有股票、有工作，很安穩啊！其實這並沒有誰對誰錯的問題，而是立場和觀念的不同，多數的父母當然會希望小孩子安安穩穩的，有收入有工作，能在社會上立足，這樣子平平安安的，就代表一切都很棒了！至於有沒有快樂、有沒有年輕瘋狂過、有沒有知心的朋友、有沒有美好的兩性關係，人生是否有什麼遺憾，反而是列為次要關心的事務。**人生是自己的，最終的選擇權仍然要掌握在自己手裡，**

才能避免文中的憾事發生。

人性真正的需求

　　為什麼人生不能只是好好念書、考上好大學、找份好工作而已？對於這個問題，我們還可以從比較客觀的角度去探討，那就是這樣的目標，所實現的人生價值，實在是太過貧乏了。美國心理學家亞伯拉罕·馬斯洛（Abraham Harold Maslow,1908-1970），研究人類心理發展的需求，提出著名的「馬斯洛需求層次理論」，剖析了人性心理需求的幾種等級。（如圖示）

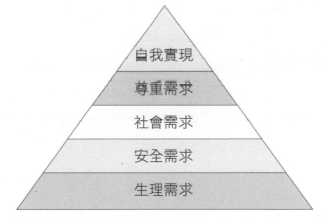

　　對於人生永遠都活在設定好的框架裡，活在安穩工作、安穩生活的單一價值觀裡，追求的也只是一種「安全需求」，這只是人性當中相當低階的需求，還無法將人類真正的潛能發展開來。誰不希望一生能過得精采而無悔，充滿甜美的回憶和故事。而希望這些夢想能夠實現，就必須讓眼光遠遠高於安全需求，轉而瞄準自己最期待成為的樣子，不讓生命的潛能僅

只於溫飽而已。唯有這樣的設定，才能有機會真正達到自我實現。

 經歷分享

台大醫師的慘痛告白

看完了主管的心酸故事之後，現在再來看一篇台大醫師的告白，讓我們再一次了解，一昧追求社會上認為是光鮮亮麗人生的背後，其實隱藏了多少的無奈和痛苦。

13歲時，我的理化考98分，班上沒有人比我高分，但是我被理化老師狠狠的用藤條抽了兩下，下課後猛塗萬金油，因為下節課要發英文考卷，我知道我一定會再被揍，因為我不可能一百分，雖然我已經是班上第一高分，但是老師說要上醫學系沒有一百分就是不夠。國中三年每天我們都要考兩科，早上7點提早一小時到校考一科，傍晚5點延後一小時考一科。我們班的藤條兩天換一根新的，因為一定會打斷，我一直是第一名，但是三年來我被打豈止萬下。

大三時，21歲，最硬的課是大體解剖，我自認我的記憶力一流，但是面臨數千上萬的希臘單字（人體的結構英文都是古文轉過來的，單字比一般英文難而且很少一個單字少於十個字母），還要從冰冷的大體老師（捐贈的屍體）辨位，我從開學第一天起就每天只睡5小時。結果期中第一次跑台我只考了55分，我們的考試方式是每三十秒作答一題，在一具具大體老師間轉台，認出用一條繩子綁的神經、血管或是肌肉，只要拼錯一個字母這題就是零分。此後這個學期我每天

就只睡四個小時了，而此時此刻我的室友，他讀台大資訊系三年級，正牽著輔大的中國小姐候選人的小手在東南亞電影院看電影。

大四時，22歲，我們的課只有更重沒有更輕，必修課加上實驗課，一週還是有將近40個小時的課。同一時間，我的社會系女朋友告訴我她們的課這學期一星期不到10小時。她說反正我這個男朋友有跟沒有是一樣的，她就用空閒的時間去補習托福和到電腦公司打工。

大七實習的時候，我25歲，每天工作15～16個小時，每天我要抽30～40個病人的血，導尿插鼻胃管，此時此刻我還要抽空準備國家醫師考試，考的是我大三到大七所有教的東西。這一年醫院有給我們薪水，每個月將近八千塊。每到月底我硬著頭皮打電話跟家裡要錢，我媽告訴我隔壁的小學同學，高中畢業就在工作，現在每個月給媽媽一萬塊。已經一年每天都睡不到五小時的我只能硬撐著熊貓眼，心中想說『媽，很抱歉，你再辛苦一下，以後我會給你更多』。那個十二月下著冷冷的冬雨，我媽掛了電話又冒雨騎著機車去載瓦斯，我掛上電話看了一眼窗外，沒有多感傷我已經要上外科急診的12小時大夜班。深夜一個新公園的醉漢被砍了三十幾刀送進來，學長檢查後說沒問題都只是皮肉傷，你就慢慢縫當作練習，我認真縫了好幾百針，縫完了天剛好也亮了。

實習結束了，剛好跨入26，國考也考完了。考完這天我打電話約三個月不見，交往七年的社會系女友出來慶祝。她在電話的另一端冷冷的說：「不用吧，我已經跟別人睡在一起六個月了。你都沒有感覺

到嗎？」我掛了電話，「幹，我抽血都抽到手抽筋了還有感覺！」很奇怪這天還是下雨，還好有下雨，過路的病人也分不出我臉上的是淚水還是雨水。

住院醫師第一年，我在台大醫院，每個月薪水五萬，我終於可以每個月給家裡一萬，媽媽好像很欣慰，但是我沒有臉告訴她我的薪水，因為我的工作時數沒有比實習醫師少，每三天就有一天要在醫院值整個晚上的班，隔天還要正常上班。我告訴媽說過年不能回台南老家，因為過年要值班，值除夕跟初三，初一初二要補眠。我猜她應該會覺得我很小氣，這樣的辛苦工作又是醫師，少說一個月也應該賺個十萬二十萬，居然只給一萬。她如果像我這樣的工作時數載瓦斯，一個月也不只賺五萬。這天又是個雨天，媽掛了電話繼續穿上雨衣載瓦斯。

除夕夜，27歲，在台大地下室B1，我啃著漢堡王的漢堡，想著樓上的15床病人，今晚可能會撐不過去，想著想著，漢堡吃完了，趕快上樓吧。整個B1空蕩蕩的。當上了醫師，沒有一餐我不是五分鐘吃完。內科同學室友總是覺得很奇怪，他的胃潰瘍藥為什麼總是會提早用完？

29歲，第四年住院醫師，也就是總醫師，再熬完這一年，就可以升上主治醫師了。傳說中的主治醫師，薪水就會三級跳了。總醫師開始看門診，很巧的我的高中同學帶個未婚妻來看門診，他告訴我他交大畢業後22歲就到竹科上班，現在已經是工程師主管，他去年配

的股票賣1000萬，很高興要結婚了。我記得當初在班上他大概是中前段，睡的好像永遠比我多。我今年也要結婚了，但是我正在傷腦筋婚禮的預算，我在醫院旁租了一間20坪的舊公寓，一個月房租要2萬3千元，總醫師的薪水一個月還是五萬。岳父大人來幫我整修租的房子，費用免費！因為她心疼女兒好好的房子不能住了，要嫁人住鬼屋，最重要的是嫁給醫師居然是租鬼屋，傳出去沒面子。岳母大人朋友是開珠寶行的，她一直覺得我很不愛我老婆，要我岳母三思，否則怎麼會醫師的訂婚鑽戒選0.26克拉的！

　　30歲了，我終於如願升上主治醫師，因為我這四年來表現都很稱職，而我專科醫師是第一名。認真工作的一個月，我很興奮的打開薪水條，89000元。

　　我問同辦公室的主治醫師怎麼會是這樣，他幹主治醫師快20年了。他說就是這樣啦，未來也是只能這樣啦，反正現在的健保制度下，以後就是這樣啦，沒有再變少就不錯了。我問他那他房子怎麼買的，他說是爸爸寫參考書賺了老本。

　　我沮喪的下樓買咖啡，遇到大學同學，問她升上主治醫師的感想，她說沒有，她現在重新到皮膚科當住院醫師，我說她頭殼壞了喔，何苦再辛辛苦苦熬四年，領五萬塊，連載瓦斯都比較多。她說，她的抗壓性不足，這四年來她周遭的所有人都被病人告上法庭，無一倖免，每天都只能睡五六個小時還被惡夢驚醒，因為她每天都夢到自己被判刑或是要賠1000萬，她一輩子可能都賺不到1000萬，所以還

是到皮膚科再熬四年。

　　我告訴她今年別的醫院皮膚科也有人告，她當場沒有昏過去。

　　故事寫到這裡，再也寫不下去了……。

　　近幾年來，台灣的醫療環境越來越惡劣，已經不是新聞，有人甚至用錢少、事多、離監（監獄）近來形容醫生這個職業，半玩笑的道出了台灣現今某部分醫療環境的惡劣和困境，不過近年投入醫療界的這些醫師，不也是從小被我們社會的「拿到好分數、考上好大學、找到好工作」給一路催眠上來的，結果從小努力到大，等到真正踏入職場想要享受甜美的果實，居然發現職場已經是如此惡劣，只能用一個慘字來形容啊！

　　所以我一定要用力的勸大家，「**千萬不能用當下的產業狀況，作為生涯規劃和求學方向的首要參考**」，而應該要以自己的天賦和熱忱是否能夠發揮為首要考慮的條件，因為產業狀況隨時會改變，自己的天賦和熱忱才是真正屬於你自己，而且是相對可靠的因素。就算產業的環境，無法讓你的天賦和熱忱有充分的舞台發揮，因為朝著自己真正喜歡的事物前進，就算沒有獲得令人羨慕的名利，你至少也不會感到人生白活。否則，如果你的生涯規劃只是以當時什麼行業賺錢、什麼行業社會地位高來考慮，等到你畢業要投入職場，當初的熱門行業已經重新洗牌，那你豈不是要嘔死？就像本文中那些七年前好不容易考上醫學系的學生，歷經多年的艱困試煉，就在即將修成正果畢業的時候，眼睜睜的看著夢幻的未來正在台灣幻滅，這真是情何以堪啊！

現代學生的困境──

為什麼孩子都默默承受傳統教育？

戴爾菲（Delphi），是全世界著名的古代希臘神殿，神殿內供奉著象徵光明、理性、力量的阿波羅神（Apollo），對古希臘人來說，戴爾菲神殿是他們信仰的中心，神聖無比。而在這樣一個知名的神殿上，刻著兩行流傳後世、意義深遠的文字：

一行是「認識你自己」。

一行是「凡事勿過度」。

能夠被刻在這麼重要的神殿上，肯定不是普通的語句。代表這些是前人經年累月的人生體驗，所得來的智慧，值得我們去細細思考其中含意。事實上，這兩句話簡單而寓意深遠，甚至能夠貫穿時空，在現在這個時代仍然顯得彌足珍貴。

就拿「認識你自己」來說，我曾經在無數個場合，問過無數的學生：「你喜歡什麼？」、「你想成為什麼樣的人？」類似這樣簡單的問題，絕大多數的學生卻都是一臉疑惑的搖搖頭，似乎從來沒有想過這個問題。這種現象不免讓人感到有些憂心，如果一個人完全不知道自己喜歡什麼，完全不了解自己會對什麼事物感到熱愛，那又該怎麼知道自己要走向什麼樣的人生？如果不知道自己要往哪裡走，那豈不是只能隨波逐流、人云亦云，這就好似

很多學生懵懵懂懂的被趕去上學、懵懵懂懂的考上不喜歡的大學科系，最後出了社會懵懵懂懂的過一生。

其實，不要說是學生，即使是我們成人，今天突然被要求花五分鐘介紹自己，也不是每個人都會知道該說些什麼，而這種人們普遍不夠認識自己的現象，其實並不難理解。很多人從小到大，在傳統教育體制的枷鎖下成長，對於人生的認識，就只是考試和升學的一條漫長道路，對於自己的認識，就是應該把書念好，其他的事情都不是那麼重要，這樣單一的價值，就是他們成長過程的重心，而對於這個以外的事物，就全然陌生了。

傳統教育就像柏拉圖的洞穴比喻

哲學家柏拉圖在《理想國》中提出《洞穴比喻》：想像一些人，從小就手腳被束縛著，頭不能轉，面壁關在洞穴裡。在他們的背後有一個火堆，火堆發出來的光將這些人的影子照在洞穴牆壁上。這些人頭被綁著，看不到彼此，永遠只看得到牆壁上的人影。於是終其一生，他們將認為洞穴牆壁上的影子就是世界的全部。

他們不會知道，原來影子只是自己身體的投射，他們不會知道，影子能投射是因為背後的火堆，更永遠也不會知道，在洞穴之外還有另外一個大得不得了的世界。

傳統教育的牢籠，就像是《理想國》中的這個洞穴一般，所有的學生永遠只被逼著念書、考試，於是終其一生，他們就誤以為「拿到好分數、考上好大學、找到好工作」就是人生的全部，他們不會知道，原來這樣的

觀念是因應工業時代需要大量勞工，所發展出來的教育政策，他們不會知道，這個教育政策與背後政府、企業、有錢人的錯綜複雜關係，更永遠也不會知道，原來在傳統教育之外還有另外一個大得不得了的世界。

人並不只是吃飽喝足就可以滿足的動物（當然也有例外），所以人活著，不能夠只是漫無目的的聽著別人的命令前進，而是需要一個夢想、一個方向，否則就會容易對人生感到厭倦、無力、懶散，更不要期待能夠展現努力向上的特質。歷史上有一番大成就的人，無不是對於什麼是他要的人生，有一個清晰而強烈的渴望，就是這股渴望，在驅動他們不斷前進，最後達到了他要的成功。而這種渴望、這種熱情，在現在台灣的學生身上普遍看不到。

因為替美國第一夫人密雪兒·歐巴馬（Michelle Obama）縫製就職舞會禮服而爆紅的台灣服裝設計師吳季剛，在5歲的時候就展現出對服裝的高度著迷，甚至會吵著要媽媽帶他去婚紗街看婚紗，還在小小年紀就立下志向：「我以後一定要當個服裝設計師！」這是知道自己要什麼，知道自己未來想要往哪裡去的明顯例子。

因為連續兩年，在中國大陸最盛大的春晚節目中演出而迅速成名的台灣魔術師劉謙，在7歲跟媽媽逛百貨公司時，因為店員的表演而立刻被魔術吸引，儘管從大學畢業後只上過一天的班，咬牙苦撐並不被看好的魔術之路，最終還是柳暗花明，在全世界走出自己魔術的一片天，這也是知道自己要什麼，知道自己未來想要往哪裡去的另一例子。

傳統教育限縮了學生認識自己的機會

　　但這些人畢竟是少數中的少數，對於絕大多數的學生來說，他們普遍不知道自己喜愛什麼，也不知道自己想成為什麼樣的人，更不知道什麼樣的未來是自己想追求的，這種對於人生熱情的貧乏，是這些現代學生普遍的一大困境，而這種困境的來源，主要是來自於傳統教育。

　　因為升學、念書至上的觀念，我們不但用學科教育塞滿學生大部分的時間，而且導致許多人對於自己的認識，流於簡單的二分法：會念書代表很成功，有尊嚴；不會念書代表很失敗，大家都看不起我。於是，學生拚命念書補習考試來迎合社會教值觀的需要都不夠時間了，更遑論去認識自己其他不一樣的面向和能力。

　　如果這些學生，沒有從小就開始認真探索自己想要的未來，只是一昧追著傳統教育的價值觀跑，直到最後從學校畢業之際，才開始思考將來要做什麼事，這就好像什麼行李都不帶，就跟著大家一起走到了機場的大廳，才開始翻書研究要去哪個國家一樣，最後的結果想必都不會太樂觀。要嘛就是找不到想去的國家，胡亂選擇一通，要嘛就是想要去的國家沒辦好簽證、沒存夠錢，也有可能根本達不到出關的要求，只好繼續待在國內，什麼進展也沒有。

　　如果說出國旅遊都要詳細規劃，準備充足必備的物品，那人生的旅程怎麼可以不去了解未來的各種可能性，不去探索自己適合的人生，就任意讓自己十多年的青春歲月隨波逐流，寄託在傳統教育上，為了分數、為了學位而活，等到畢業之際，才來思考自己到底想成為什麼樣的自己呢？

宗教裡的教育──與傳統教育共通的特性

宗教是人類與超越界進行連結一種相當特別的活動，有些人熱衷於它，也有些人對它排斥。儘管很少人會否認，宗教的功能之一應該是要使人的思想更加的睿智和超脫。但不幸的，從某種角度來看，宗教裡的教育往往背道而馳，採用的是集體式洗腦，並且不歡迎獨立思考的宣教方式。聚集在一起的宗教團體，通常都是因應儀式的規定，大家做著類似的事，說著類似的話，但是卻未必知道自己為什麼這樣做、為什麼這樣說。「你要相信上帝，死後才不會下地獄」、「人的靈魂會不斷的輪迴」、「我的宗教才是真神，其他的都是假神」……這類無法被驗證的思想，一直被灌輸進宗教徒的腦袋裡，一日復一日、一年復一年。於是許多人經過這樣長久的思想灌輸後，就認為這些是恆久不變的真理，並且還一代傳一代。傳統教育也有著類似的特徵。

從小到大，我們一樣對學生進行讀書至上的集體式洗腦，大體上一樣不歡迎與教育體制相異的思想。聚在一起的學校團體，也因著政策的規定，大家做著類似的事情，讀著類似的學習科目。同樣的，也很少學生想過為什麼要做這些事？為什麼要

念這些書?「拿到好分數、考上好大學、找到好工作」則是傳統教育最常見的金科玉律,透過老師、家長、整個社會,不斷被灌輸進學生的腦袋裡,於是許多人因為太過習慣人生是這種模式,就認為這些是最正確且唯一的人生道路,並且同樣一代傳一代。

講到這邊,或許大家會以為我反對宗教,更覺得傳統教育一無是處。其實恰恰相反,我不但不反對宗教,甚至我還認為絕大多數的人都需要宗教。人都是相當有限而渺小的,如果沒有某種形式的宗教力量,我們很難跳脫有形的肉體獲得超越,得到生命最終的身心安頓。我反對的是,輕易地把沒有道理的教條奉為圭臬而深信不疑,只因為這些教條被裹上了宗教、權威、上帝的外衣,甚至當這些教條已經禁不起檢驗,我們還寧可昧於事實,繼續深信它並且還不斷的將這些沒道理的思想灌輸到他人身上,這樣就是一場災難,小則給自己和他人帶來困擾,大則造成不可挽回的傷害。

宗教有許多種,但都有一個相同的功能,就是讓人在宗教裡面得到力量、快樂、平安、並且提昇了生命品質,這才是我們選擇信仰何種宗教的至高指導原則。有些人在佛教裡面得到平靜和解脫,有些人在基督教裡面得到救贖和喜樂,有些人在民間信仰裡面找到歸屬和認同,也有人在自己個人的信念中,找到類似宗教的力量,這些都是好的,因為每個人本來就有權利在不干涉他人的前提下,用不同的姿態在過他的人生。不過有些較為極端的宗教,無法接受這樣的觀點,武斷的認為自己的宗教才是正確的,其他的宗教都稱作異端,這樣實在太過於一廂情願了。

　　不是每一個宗教都適合每個人，而傳統教育也不應該被我們拿來逼迫每個人都要遵從，更不應該被我們認為是人生唯一的正確之路。「拿到好分數、考上好大學、找到好工作」這樣的路，一直以來，都是僅能適用於一部分人身上，而且這一部分人還因為全世界產業的變化，在現代社會正快速萎縮當中，我們實在不應該再把所有學生都逼上這條路。對許多人來說，比起傳統教育，他們或許還更適合念其他的書、學其他的技能、用非上班的方式賺錢、用我們不那麼熟悉的方式生活，但我們的教育體制卻還沒有準備足夠的資源，來協助這些人走向屬於自己的人生，甚至對傳統教育之外的成長方式仍然有著相當負面的刻板印象。

獨立思考才是正確的教育態度

　　這個世界上很多學說或道理都未必盡善盡美（包括本書的觀點），科學面對這種問題的心態是，承認人的不足，然後想盡辦法透過討論、辯證、以及不同角度的觀點，來修正這些盲點，以期望能夠更接近正確的觀點，這是身為人類的我們普遍能夠認同的思維。然而宗教裡的做法卻相當不同，有時候甚至令人瞠目結舌。在宗教裡往往提供的觀點是，只要是這個宗教提出的核心教義，就都是正確的，沒有模糊的空間，即使透過思考後未必認同，那也都是人的問題，而不是宗教的問題，這真是一種可怕的洗腦式教育！

　　其實我想表達的意思與本書是一致的，就是不論是在教育的路上，不論是在信仰的路上，抑或是在任何的人生道路上，**沒有經過思考的人生，**

往往是不值得選擇的，獨立思考能力才是正確的教育態度，如果沒有保持開放、獨立思考、自我批判的精神，而只是選擇跟著世俗的價值觀隨波逐流，別人怎麼說就怎麼相信，那這樣的人生就顯得相當盲目，所造成的後果是，世俗的價值觀是會變的，可能是錯的，可能是不適合你的，正是沒有成見的人比較容易獨立思考，如果我們只是一昧迎合別人賦予我們的觀念，而沒有我們自己的思想，那我們就只是這個社會的傀儡罷了，這絕對不是我們受教育的目的。

傳統教育的省思——

教育能讓學生面對未來嗎？

有一部名為教育的未來（Did you know）的影片，近年在世界各地轟動一時，這部由美國公立高中Arapahoe的科技中心負責人Karl Fisch所製作的影片，從書籍、網路、政府公開的資料中，整理出一些重要的觀念和數據做成投影片，簡潔卻震撼的傳達出未來可能面臨的劇烈競爭。當這部投影片在校內第一次播放時，立刻就引起底下老師的注意，但沒想到過了一陣子，這部投影片有如雪球越滾越大，越來越多來自各地的人，紛紛都被這部影片所震撼，並且要求授權他們能使用在不同的地方。而曾經翻譯魔戒小說，近年在台灣嶄露頭角的意見領袖朱學恆，當他第一次看到這部影片時，也立刻將它翻譯成中文，讓國內的網友也能觀賞，以下就是這部投影片的內容，讓我們一起來看看吧！（直接上Youtube搜尋「Did you know」也找得到。）

📖 影片分享

Did you know?

你知道嗎？量變有時真的會造成質變。

在中國，如果你是百萬中取一的菁英，你至少有1,300個勢均力敵的競爭者，在印度，你

則會有1,100個競爭者。

在中國，智商排名前四分之一的人，比北美洲的總人口數還要多，在印度，這則是智商排名前28%的人數，對全世界老師的意義：他們的優秀學生，比我們所有的學生還要多。

你知道嗎？全世界最多人說英語的國家，不久之後將會變成中國，如果今天的美國，把每一個工作都外包到中國去，中國還是會有勞力過剩的問題。

在我們播放這個影片的同時（作者註：影片約6分鐘），美國會有60個嬰兒誕生，中國會有244個嬰兒呱呱墜地，印度則有351個嬰兒出生。

美國勞工部估計現在的學生，未來在換第14個工作時大約38歲，根據美國勞工部的調查，四分之一的工作者，在目前的單位工作不超過一年，二分之一的工作者，在目前的單位工作不超過五年。

美國前教育部長Richard Riley認為，2010年最迫切需要的十種工作，在2004年時根本不存在，我們必須教導現在的學生，畢業後投入，目前還不存在的工作，使用根本還沒發明的科技，解決我們從未想過的問題。

猜猜看這是哪個國家：全世界最富有、軍力最強大、世界商業金融中心、最好的教育系統，世界的創意與發明中心、貨幣是世界的標準金融規範、最高的生活水準。是美國嗎？不，在西元1900是英國。（不到五十年，世界最強的頭銜已經更替）

你知道嗎？以網際網路覆蓋率來說，美國是全世界第20名，盧森堡剛超越美國。

任天堂光是在2002年就投資一億四千萬美金進行研發，美國聯邦政府花在教育研發上的經費還不到一半。

美國2006年結婚的新人中，有八分之一是在網路上認識的，交友網站MySpace在2006年9月時，有一億六千萬個註冊使用者，如果MySpace是個國家，那麼它將是全世界第十一大的國家（介於日本和墨西哥之間）MySapce的每個網頁平均一天被點閱30次。

你知道嗎？我們生在一個十倍速爆炸成長的時代，每個月Google必須處理27億次搜尋，在「B.G.」（Google誕生前）的年代，人們到底向誰問這些問題？

我們每天傳輸的手機簡訊數量已經超越了全世界的人口總數，今天，英文字彙數量大約有五十四萬個……是沙士比亞誕生時的五倍。

3000本？這是美國一天出版的新書數量，根據估計《紐約時報》一週所包含的資訊量比十八世紀一個人一生可能接觸到的資訊量還要多。

根據估計，今年全世界會製造出1.5×1018byte的全新資訊，這大約比人類在過去五千年所製造出來的資訊還要多。

新的科技知識大約每兩年就會成長一倍，對正要就讀大學的學生來說……他們前兩年所學的知識，在三年級就全部過時了，根據估計，這些資訊在2010年時，每72小時就會增加一倍。

NEC和Alcatel不久前剛測試成功第三代光纖……這些光纖每一條每秒傳輸量是10兆位元，也就是說每秒傳輸1900張光碟，一億五千萬通電話，這個傳輸容量目前每六個月就成長為三倍，估計未來的二十年會以同樣的速度持續成長，這些光纖都已經鋪設好了，提升速度只需要修改端點間的轉接器，換句話說，成本接近於零。

未來的電子紙將會比真的紙還要便宜，2006年全世界賣出四千七百萬台筆記型電腦，一百美金電腦計畫準備每年製造五千萬到一億台筆記型電腦，給低度開發的國家的孩子們使用，科學家們預測2013年建造的超級電腦將會超過人類大腦的運算能力。

到了2023年，現在的小學一年級學生正好23歲，當他們準備投入職場時……那時，售價1,000美金的電腦就可以超越人腦的運算能力，雖然，超過十五年以上的科技發展很難精確推估……

科學家認為，西元2049年時，售價1,000美金電腦的運算能力，就會超越全人類的大腦運算能力總和，這代表了什麼？

轉變，正在發生，既然你已經知道了……

然後呢？

看完這部影片的內容，你的感受是什麼呢？是感到憂心忡忡、還是覺得深受啟發？若是我們隨便在網路上搜尋「Did you know」，可以看到數不清的評論和意見，有些人對於這部影片揭露的內容感到震撼和憂心，有些人則是嗤之以鼻，或者批評言過其實。確實，這部影片裡的某些資訊，

從2013年的今天來看，不見得完全符合事實，甚至也難以感受到其重要性。例如MySpace早已經不是最熱門的交友網站，因為Facebook早已取而代之；又例如全世界手機簡訊的數量其實早就正在減少中，因為不敵Whatsapp、Line等免費手機傳訊軟體。

不過，換個角度看，正因為這部影片裡的資訊很多已經過時，反而正好凸顯影片要傳遞的精神：「世界確實在高速演化當中，合時宜的教育將比從前更加的急迫！」然而，我們的傳統教育，看起來似乎很難讓人認為足夠符合需要，我們可以從以下幾點觀察到這樣的教育危機。

◆ 電腦的運算能力早已遠超過人類，那麼孩子是否有必要繼續投注心力強調數學機械式計算的能力？

◆ 網際網路早已可以存取全世界無限的知識，人們可以隨時隨地搜尋到無限的資訊，那麼我們是否有必要繼續將教育的重點放在文史科目的大量記憶？

◆ 全世界的人口越來越多，競爭越來越激烈，我們不去協助找出每個學生專屬的特質，使他們在未來具有別人無法複製的獨特競爭力，反而繼續強迫所有學生關在同間教室學習相同科目，這樣是否為妥當的教育政策？

簡單從幾個觀點切入，我們都不難發現，傳統教育這種過份強調記憶、分數的僵化教育方法，根本無法提供孩子在未來擁有一個靈活多變和競爭能力，曾經在蘋果、微軟、Google三個全球科技龍頭都擔任要職的傳奇人物，也是從台灣出生的李開復博士，曾經撰文表示，未來最需要7種人才，這些人分別是：

（1）創新實踐者：不是只會聽話做事情的一顆棋子。

（2）跨領域整合者：透過不同領域的整合，能夠激盪出數億種以上的新發明。

（3）高情商合作者：《EQ》這本書告訴我們情商比智商重要9倍。

（4）高效能溝通者：只有思想卻不能溝通等同於沒有思想。

（5）熱愛工作者：如果你熱愛工作，你每天就不是在工作而是在享受。

（6）積極主動者：不只把握機會，更為自己創造機會。

（7）樂觀向上者：正視自己的錯誤，能夠從錯誤中學習。

　　不難發現，由科技先驅李開復博士提出的這七個觀點，顯然不是傳統教育所能夠提供給學生的，傳統教育希望我們做個聽話，能夠回答正確答案的學生，傳統教育希望我們專注在狹隘的學科上面拿分數，而不重視不同領域之間的整合能力，傳統教育告訴我們要找安穩高薪的工作而不是你所熱愛的工作……凡此種種，都讓我們應該去深切思考，傳統教育真的提供了讓學生面對未來的能力嗎？

 報導分享

一昧追求高學歷早已不符合時代的需要

【聯合報／記者許雅筑、鄭宏斌／台北報導/2012/09/30】

　　根據行政院主計總處統計，過去五年來，擁有大學以上學歷者的平均失業率為各類學歷之冠。博士生畢業一年後，待業或失業比率最高達百分之四點五；換句話說，每年約四千名博士畢業生中，就有

一百八十人找不到工作。

　　根據教育部民國一百零一年版教育統計，博士畢業生近廿年來成長快速，在八十學年度時，博士畢業生有六百零八人，九十九學年度則增加至三千八百四十六人，足足多了五點三倍，超過大學生、碩士生增加幅度。

　　但博士畢業生在就業職場上卻處處碰壁，教育部近三年調查博士生畢業一年後動向，待業或失業中比率介於百分之三點七至四點五間。這群高學歷菁英，求職時不願屈就，寧可回到校園擔任助教或進行博士後研究。獲博士學位者近八成進入教育界、一成進入政府部門，進入民間企業者不到一成。

　　立委陳學聖說，不少人拜託他替子女介紹工作，他們的學歷不是碩士就是博士；但博士對企業主而言「很難用」，擔心他們太有主見、放不下身段或把公司當成跳板。他在找研究助理時，也不喜歡博士，因為要他們端個茶都「很困難」。

　　立委鄭麗君也說，身邊有許多博士畢業的朋友，正面臨求職困難的窘境，有些人無法進入校園擔任正式教職，只能當流浪兼課講師，「一個禮拜即使兼滿了課，還是只有兩萬多元」。她感嘆，「現在年輕人好像不讀碩士，就會被笑。」但一味鼓勵深造，只會讓學歷貶值，而文憑也不該是唯一辨識標準。

　　鄭麗君指出，「高學歷、高失業率」起因於就業機會減少與低薪化趨勢，政府應帶動產業創新、發展知識經濟，此外也要鼓勵學生適

性發展，加強技職體系，而非催眠孩子「念得愈高愈好」。

　　立委李貴敏建議高等教育建立「產學合作」制度。立委陳碧涵則認為，問題癥結在於教育政策缺乏「前瞻性」，沒有考慮到未來產業趨勢及各類人才需求數目，導致部分領域博士過剩。

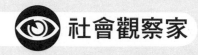

社會觀察家

102年4月求職數及求才數之前20名職位類別表　　　　單位：人

前20名求職者希望工作之職類		前20名廠商求才職類	
項目別	求職數	項目別	求才數
製造勞力工	15,761	製造勞力工	21,790
資料輸入及有關事務人員	7,835	工業及生產技術員	12,717
商店銷售有關人員	3,338	其他餐飲服務人員	8,926
其他餐飲服務人員	2,550	商店銷售有關人員	8,122
一般辦公室事務人員	2,451	金屬工具機設定及操作人員	7,653
辦公室、旅館及類似場所清潔工及幫工	2,357	保全及警衛人員	5,472
電力及電子設備組裝人員	2,252	辦公室監督人員	5,302
工業及生產技術員	2,237	其他電子設備裝修人員	4,766
會計助理專業人員	1,894	商業銷售代表	4,661
工讀生	1,833	電力及電子設備組裝人員	3,961
環境清掃工	1,687	電機工程技術員	3,939
商業銷售代表	1,619	工讀生	3,838
金屬工具機設定及操作人員	1,561	辦公室、旅館及類似場所清潔工及幫工	3,829

其他電子設備裝修人員	1,434	環境清掃工	2,722
電機工程技術員	1,388	電子工程師	2,157
營建勞力工	1,379	食品烹調助手	2,130
小客車及小貨車駕駛人員	1,256	營建勞力工	1,829
電話及網路客服人員	1,140	一般辦公室事務人員	1,747
保全及警衛人員	1,110	電話及網路客服人員	1,737
存貨事務人員	1,043	資料輸入及有關事務人員	1,696

　　首先，我們來看看市場需求，根據資料分析顯示，民眾在各公立就業服務機構新登記求職較多的前20項職類，最多為製造勞力工15,761人，其次為資料輸入及有關事務人員7,835人，再次之為商店銷售有關人員3,338人，其餘項目皆不滿3,000人。

　　資料來源：全國公立就業服務機構102年4月份求職求才統計資料分析

第2章

我們需要
什麼樣的 教育 ？

台大哲學系傅佩榮教授說：「哲學是用理性探討宇宙人生的根本真相」。如果一個人從來沒有認真去思考過人生的真相，它就好像在大海隨波逐流的獨木舟一般，只看得到人生是一片汪洋和未知，既不知道自己身處何方，也不知道未來可能可以往哪裡去。

家長們的功課──該為孩子提供什麼樣的教育

　　傳統教育一直以來，都是把學校視為「職業訓練所」。其首要的目標，只是讓一個人學到賺錢餬口的技能，對於人性潛能完整的發展卻不怎麼關心，可謂非常的狹隘和侷限。更可悲的是，這幾年的整個教育環境，卻是連這樣膚淺的目標，都沒有辦法達到。舉例來說，近年台灣高學歷卻高失業率，勞工工資普遍低落，本書寫作的這陣子，甚至還鬧出了勞工保險即將破產的新聞，更使得許多人生存的保障深受威脅。當這些新聞佔據媒體版面，不只打擊上班族群的工作士氣，更讓即將畢業的在學學生感到未來的茫然和無助。想想看，這麼多年輕人在接受十幾年的傳統教育之後，結果下場居然是連掙一口飯吃都十分困難，這是多麼悲哀的一件事。如果台灣許多的年輕人，從學校畢業之後，面臨的是這樣飯都吃不飽的景況，我們又如何能夠指望他們能夠有餘力，去追求人生更美好的理想和層次。甚至能夠帶領再下一個世代，走向美好未知的未來世界？

　　我認為教育的目的只有一個，就是**「充份開發一個人的潛能，使其能夠擁有美好的人生。」**美好的人生究竟是什麼，每個人都會有不同的解讀，我們不可能去逐一的去檢視。但是至少可以肯定的是，以下情況普遍是不會讓人感受到人生是美好的，例如：

◆ 在經濟上入不敷出的生活

◆ 不知道自己喜歡的是什麼

◆ 缺乏良好人際關係

◆ 缺乏良好的兩性關係

◆ 缺乏成就感的生活

◆ 缺乏被尊敬、被需要的感受

◆ 對生命缺乏熱愛

　　如果我們能夠普遍認同上面這些例子，是美好人生缺乏的因素，那麼，談談我們還需要什麼樣的教育，就顯得比較具體了。直到現在，儘管高學歷卻沒有得到滿意的人生，在現在的社會越演越烈，儘管每天的報章雜誌、新聞媒體，都告訴我們高學歷已經過於氾濫的現象。但是大部分的老師和家長還是不斷的對學生說：「拿到好分數、考上好大學、找到好工作」，說實話，許多老師和家長也並不是不知道這個社會已經跟以往不同，並不是不知道只是念書並不代表有美好的未來，但是他們仍然會強烈要求學生念書，主要的原因在於，對於大部分的老師和父母而言，就算他們為現在的社會現象擔憂，他們也不知道該怎麼辦，因為就他們的人生經驗來看，好好念書，考上好學校，以後找個安穩的工作，就是他們人生經驗的全部，除此之外，他們也無法給予小孩其他的建議，更不要說是教導小孩面對快速變遷的現代世界了。

　　所以本章，我們就來探討在傳統教育之外，我們還應該為孩子提供什麼樣的教育，才能使他們更接近圓滿的人生。

哲學教育——孕育心靈和思想的教育

很多人看到我居然會認為我們需要哲學教育，可能是下巴差點要掉下來。哲學？！這不就是那種腦袋想不開的人，才會需要用來自尋煩惱的東西嗎？一般人為何會需要哲學教育呢？其實，對於哲學的這種誤解，以前我也有，總認為它是一堆艱難晦澀，令人頭暈目眩的教條和言論，在書店逛到相關書籍時都會刻意閃過，怎麼可能還會想要去學？但是這種想法，在我念大學的時候改觀了。

大學四年，讓我十分意外的是，在我曾經遇到的教授當中，普遍具有人文關懷和清晰頭腦，甚至還頗為幽默風趣的，就是哲學系的教授（也可能是我運氣好），那時候第一個想法是：「我到現在才知道，原來念哲學不會讓人變成瘋子！」就因為遇到幾個我覺得不錯的哲學系教授，確認它不會讓人變得怪怪的之後，我才比較放心去接觸這門學問。直到今天，我覺得當時能夠接觸到哲學，真是幸運！尤其是身處現在這個以經濟發展、功利主義掛帥的社會，從前哲學的薰陶，總是能夠適當的提醒我，要把人生的目標不斷瞄準更高更好的世界，而不是成為外在利益和誘惑的僕人。

哲學是什麼？

　　哲學到底是什麼呢？哲學（philosophy）的原意是「愛好智慧」。智慧又是什麼呢？智慧是一種從完整和全面的角度去關照人生的能力。人生會面臨到的問題和困難很多，但我們往往活在當下，見樹不見林，就容易顧此失彼、因小失大，無法為自己的生命做最好的選擇，到頭來感到後悔和遺憾，所以我們需要智慧，需要哲學。這樣看來，學習哲學就確實就有它的價值。

　　智慧與知識是不同的。每天我們從報紙、書本、媒體接收到的訊息是一種「資訊」，資訊經過統整和分析就變成了「知識」，能夠適當的運用知識在自我身上，以達到美好理想的人生，這就需要「智慧」，這也是最難的。智慧並不是像英文單字一樣，背完了就會了，它必須要不斷去接觸、去體會、去思考、去感受。只要是人，都有他的弱點，我們會因為外在的感官和內在的情感，去影響我們的判斷，有時候甚至做出事後想起來很蠢的決定，所以培養智慧是一個永不間斷的過程，所以就連知名的哲學家蘇格拉底也說：「我非智者、愛智而已。」

　　那麼，哲學到底都在研究什麼呢？根據台大哲學系傅佩榮教授的定義，我們可以用一句話來說明：「哲學是用理性探討宇宙人生的根本真相」。人生的根本真相，究竟是什麼，雖然眾說紛紜，但是如果一個人從來沒有認真去思考過人生的真相，它就好像在大海隨波逐流的獨木舟一般，只看得到人生是一片汪洋和未知，既不知道自己身處何方，也不知道未來可以往哪裡去。今天浪打向南方，船就跑到南方，浪打到北方，船就

跑到北方。運氣不好，遠處有暴風雨也不知道要避開，仍然放任自己順著水流而行，最終慘遭滅頂。這樣的人生，似乎過於空洞、荒謬。因此哲學透過很多的議題，來探討世界背後的真相，包括邏輯、唯物論、唯心論、理性主義、形上學、自我主義、存在主義、美學、死亡哲學、知識論、倫理學等、儒家哲學、宗教哲學等。

哲學曾幫助明星桂綸鎂化解痛苦

今年28歲，剛獲得第49屆金馬獎最佳女主角的台灣女演員桂綸鎂，別人看來是一個有想法又幸運的新生代明星。但在人生的路上，也曾經依靠哲學走出心中被禁錮的世界。

從小家境優渥的桂綸鎂，就像被大家捧在手掌心的珍珠一般，父母不但讓她學習各種才藝，還為她的未來安排了一條主播、外交官的路，前途看起來一片光明。但在17歲那年，她與哥哥在西門町逛街時，戲劇性的被人發掘拍電影，當時儘管父親強烈的反對，但是堅持走自己路的桂綸鎂，還是接拍了最終走紅的電影《藍色大門》，從此開始踏進了演藝圈，進入一個傳統教育無法企及的世界。

大三時，桂綸鎂到法國進行了一年的交換學生，沉浸在遠離台灣傳統教育世界，讓她頓時感受到一股清新自由的風氣，她也開始能有更多空間思考自我、人生等等的問題。但是當交換學生結束回到台灣後，傳統教育的價值觀又像無形的牢籠一般，緊緊的掐住了桂綸鎂，令她非常痛苦。有一段時間她只能一直哭，沒有辦法在這種說不出的痛苦中掙脫。就在這

時，她修了一門法國哲學的課，從卡謬等哲學家當中，她開始能夠透過跟這些深刻的心靈對話，而感到自己的心靈得到釋放，最後終於紓解了自己的痛苦，也為自己的情緒找到了出路。而這種化解內心深處的矛盾和掙扎，是傳統教育完全無法提供的。

　　沒有哲學，人生是盲目的。盲目的人生，你不可能看清自己要走的路，甚至連嘗試找出自己未來的勇氣都沒有，最後只能夠抓住你身邊的人，他們走去哪裡，你就走去哪裡，這就很像很多在傳統教育下的學生，都跟著身旁的人一起考大學、考研究所，因為他們自己也不知道自己要做什麼。

自我探索教育——了解自我才能展望未來

長期以來，傳統教育一直用同樣的方式教育著所有的人，而這就跟用同樣的食物餵食所有的動物，或用同樣的方法栽種所有的植物一樣的荒謬，其結果自然就是只有少部分人適應、大多數的人則無法適應。

台灣很多人喜歡栽種花卉，為居家環境增添美麗景致。花的種類非常多，如果我們要栽種特定的花朵，通常一定會先去認識我們的花是哪一種類型，然後再了解該用什麼方式栽培它？是該種在土壤內、還是種在小木屑內？是該種得深、還是種得淺？日照要照到什麼程度、澆水要澆到什麼程度、無不是仔細研究一番，最後才進行哉種。也唯有這樣了解花卉的性質並且給予合適的照顧，最後它才能如我們預期般的綻放出繽紛的色彩。

如果植物的栽培都必須要如此的適性而為，那麼人的栽培又豈能夠只用同一種教育方式來對待所有的孩子？這不但相當沒道理，更是對無數心智的一種嚴重傷害。其結果就是，許多應該在其他領域綻放光彩的孩子，卻因為不適應傳統教育的學習內容，因此自然而然在這場教育遊戲中敗下陣來，並且終生失去可以展現自己特質的機會。

自我探索教育應從小實施

　　所以從上段可知，在我們把孩子送進學校之前，應該就要持續的去探索他們的特質，再針對他們的特質給予適當的教育方式，這樣才是比較合理的程序。自我探索的教育除了能讓孩子了解自我，更重要的是讓家長和教育者了解這個孩子的潛力和資質，才能試著找出最適合他的教育方式。而這種教育的實施方法，可以是十分多元化的，例如課堂上課、集體冥想、遊戲玩耍、角色扮演、小組討論、戶外活動、動手實作等等，最重要的是親身的參與和體驗，這樣才能學習中正確的評估出自己的特質。

　　這樣的教育，絕不是實施個一兩次就足夠，原則上應該要從小就開始，然後一直持續實行到長大以後，這麼長的探索教育，除了讓孩子能夠真正嘗試過非常多不同領域的事物，給予他們選擇未來方向一個很重要的參考材料，一方面也讓孩子永遠保持自我反省的機會，讓他們了解自己在人生當中適合扮演什麼樣的角色，避免人生之路偏離自己內心而不自知。

自我價值的探索

　　那麼究竟探索教育要探索哪些內容呢？其實，可以探索的內容很多，我們在此先來聊聊關於「自我價值」的探索。在《現代學生的困境》這個單元中，我們曾經探討了現在學生不知道何去何從的困境，這樣的困境來自於從來沒有仔細認識過自我，也從來沒有了解自己在這個世界可以有什麼樣的作為，所以才會得過且過、渾渾噩噩。既然如此，自我探索的教育

就顯得重要，否則如果一個人從小到大始終沒有發現自己生命的價值是什麼？沒有找到自己應該前進的方向，就免不了人生落入跌跌撞撞或在原地打轉的窘境。

在傳統教育過度重視學科的氛圍下，我們通常沒有機會仔細去思考自己是什麼樣的人，自己在這個世界上又有什麼樣的價值，所以很容易就淪為用外在的成績來進行自我認定，這樣是很沒有道理的。如果要避免這樣的困境，我們就應該要幫助孩子經常去探索他自己的價值，幫助他們去思考「我是誰？」、「我的價值是什麼？」、「我來到這個世界的使命是什麼？」這才能讓孩子在成長的過程當中，時時刻刻把人生的主角拉回到自我身上，並且因為經常保持思考人生的習慣，這也會讓人以比較認真的方式生活。坊間有些自我探索的課程，會透過問答的方式來讓學生檢視自己內心的想法，這就是一種透過內省來探索自我內心價值的方法，可以提問的例子很多，例如：

探索你的內心價值

以下基本問題，請一一思考後寫下答案。

◆ 找出3樣以上我做得比別人好的事。

◆ 找出3件以上我會心無旁騖投入其中的事。

◆ 想出10種以上自己喜歡的賺錢方式。

◆ 找出3件以上令我感到挫折的事。

◆ 找出3個以上我會感到有安全感的狀況。

◆ 找出3個以上我會感到沒有安全感的狀況。

◆ 在別人的眼中我是什麼樣的人？

◆ 在自己的眼中我是什麼樣的人？

◆ 我喜歡做什麼事情？哪些事能讓我覺得生活充滿熱情？

◆ 我厭惡做什麼事情？

◆ 什麼成就會讓我感到死而無憾？

◆ 我害怕什麼事？我該如何面對這種恐懼？

◆ 我最神聖不可侵犯的價值觀是什麼？

◆ 別人做什麼事會讓我對他非常反感？

◆ 我討厭自己變成什麼樣的人？

◆ 我喜歡自己變成什麼樣的人？

排序出你的夢想藍圖

下面各項夢想，請排出你自己非常渴望做到，不完成會死不瞑目的先後次序。

排序	夢想事件	排序	夢想事件
	成為極有名的人		擁有一場完美的戀愛
	成為極有魅力的人		成為世界上最聰明的人
	成為熱門的電影明星		環遊世界
	成為萬人擁戴的歌星		當總統

	成為極富有的人		當大老闆
	擁有一個溫暖的家庭		有自己的小孩
	結婚		身體健康
	內心平靜而祥和		能夠感到自己是真誠的
	掃除世界上所有不公義的事		擁有很好的人緣
	擁有很好的口才		其他 ＿＿＿＿＿＿

　　以上就是常見的一些自我探索的教案問題，透過這些問題讓孩子去思考，在他內心什麼樣的價值才是自己想要追求的，然後帶領的老師再藉此去分析，人生要怎麼要去規劃，才能夠達到自己想要的人生。

天賦和熱忱的探索

　　接下來，我們再來談談天賦和熱忱的探索。個人天賦和熱忱的探索，是至為重要的一件事，每一個人都應該要了解自己的天賦和熱忱是什麼，才能夠知道自己未來如果走向何方，人生才會過得精采有意義。我一直都相信每個人都會有屬於自己特別的才能和興趣，然而卻未必每一個人都有機會去發現到自己身上超越其他人的能耐，很多人就讓自己的潛能一輩子被埋沒在身體裡面，最後走到生命的盡頭帶進棺材裡面，這實在是很可惜的一件事。

　　個人天賦和熱忱的探索方法說起來相當簡單，就是讓他廣泛的嘗試各

種事物，並且我們做個觀察者，去看看他們在從事哪些領域的時候，展現出過人的才能，那就是他們的天賦。傳統教育比較可悲的是，很多人從很小就已經發現在某些科目不具備特殊才能（例如數學），但是我們卻沒有積極輔導這些人去其他的領域找尋自己的天賦，反而是強迫他們在不具備天賦，甚至是也沒有興趣的領域，不斷花費他們寶貴的青春歲月，據說是因為這樣才能考上好大學、找到好工作，不過本書顯然認為這種觀點已經有些過時了。

　　一個孩子的天賦和熱忱是什麼，對於有經驗的教育工作者，是相當顯而易見的，例如我自己是教物理和數學科目的老師，因此關於一個孩子在這領域是否有天賦或熱忱，透過短時間的教學互動很容易就可以掌握，而且有時候甚至是相當明顯。有的孩子對於數學符號、邏輯思辨、空間觀念天生就是駕輕就熟，你幾乎不太需要跟他們解釋太多，他們光看課本就已經能夠掌握絕大多數的基本概念了。但是另外一個極端的學生就不是如此了，你可能一而再、再而三的去闡釋一個觀念或運算的法則，但是他們就是無法與自己的腦袋產生共鳴，對於理解和操作科學概念或符號更是相當的緩慢而吃力，這些差異在一線的教育工作者眼裡是相當清楚的。

　　還有，既使天賦可以被觀察出來，不過對於孩子究竟對哪方面是否有天賦仍然不應該太過武斷，畢竟有些人「開竅」比較晚也是事實，例如世界知名的物理學家愛因斯坦，根據資料顯示他根本就不屬於那種天生機敏的孩子，反而還一直表現得有點遲緩，直到大學以前都沒有什麼值得令人稱道的表現。但誰又想像得到他在26歲可以寫出顛覆我們宇宙觀的《相對

論》。所以如果對一個孩子的天賦太早下定論，也有可能會不小心「錯殺無辜」，那我們該怎麼避免這樣的現象呢？我的建議是，如果孩子對於某一領域雖然沒有展現過人的才能，但是卻展現出足夠的熱忱，那我們還是讓他保持與該領域的接觸，反正至少他喜歡，那就沒關係。反之如果他對於某個領域既沒天賦，他自己也不喜歡，那就不用勉強了，再多讓他花時間嘗試其他事物吧！千萬不要把我們想要他變成的樣子強加在他身上，這樣孩子真的很可憐，只是成就我們夢想的工具，而不是成就他們自己夢想的主人。

天賦和熱忱的探索項目

到底有哪些具體的項目可以建議大家去嘗試探索呢？以下我就把關於天賦和熱忱，我想得到的常見項目，做個簡單的分類，供大家參考。若是我們發現有孩子明顯在某一個領域上具有天賦或者熱忱，那我建議一定要開始評估，是否值得幫助他開發這個項目的能力，而若是我們發現在下面的某一個項目中，孩子居然是天賦和熱忱兩者都有，那這個項目十分可能就是這個孩子的天命所歸，一定要更慎重的考慮是否要全力支持他走向這條路。

有些人會擔心，如果孩子具有天賦和熱忱的項目太過於冷門，感覺未來沒什麼發展性，那該怎麼辦呢？我並沒有斷言未來的本領，但是我認為，面對越來越多元的現代世界，肯定有越來越多以前想不到的能力將會被社會所需要。所以即使是現在冷門的領域，未必代表將來就不能夠被受

到重視，如果孩子真的對某項領域充滿熱忱也有天分，我想我們就應該要
支持他去做自己想做的事，如果他能夠在該領域努力到世界頂尖的水準，
那廣闊的未來應該是將會等著他了。

各項才藝項目表格

分類	衍伸項目
運動類	籃球 / 棒球 / 羽球 / 網球 / 排球 / 壘球 / 桌球 / 足球 / 撞球 / 橄欖球 / 手球 / 曲棍球 / 保齡球 / 高爾夫球 / 溜冰 / 單車 / 賽車 / 田徑 / 游泳 / 體操 / 舉重 / 射箭 / 射擊 / 極限運動
武術類	柔道 / 跆拳道 / 空手道 / 合氣道 / 截拳道 / 拳擊 / 詠春拳 / 泰拳 / 擒拿 / 劍道 / 相撲 / 刺槍 / 大刀 / 形意拳 / 太極拳 / 摔跤
技藝類	魔術 / 扯鈴 / 特技 / 刺繡 / 摺紙 / 裁縫 / 書法 / 烹飪 / 煮咖啡 / 調酒 / 茶道 / 栽種 / 解鎖 / 養小動物 / 電腦遊戲
益智類	圍棋 / 象棋 / 西洋棋 / 魔術方塊 / 九連環 / 猜謎 / 積木 / 拼圖 / 推理 / 占星 / 塔羅 / 命理 / 收集 / 氣球
音樂類	鋼琴 / 木琴 / 管風琴 / 豎琴 / 薩克斯風 / 電吉它 / 民謠吉它 / 古典吉它 / 貝斯 / 提琴 / 爵士鼓 / 長笛 / 黑管 / 管樂 / 古箏 / 二胡 / 琵琶 / 笙 / 口琴 / 笛子 / 揚琴 / 鈴鼓 / 蕭 / 歌唱 / Beatbox /
舞蹈類	國標 / 踢躂 / 街舞 / 現代舞 / 芭蕾舞 / 民俗舞 / 土風舞 / 爵士舞 / HipHop / 肚皮舞 / 鋼管舞 / Popping / Freestyle / Locking / Breaking / Wave / House
創作類	作曲 / 作詞 / 新詩 / 散文 / 小説 / 漫畫 / 插畫 / 繪本 / 水彩 / 油畫 / 國畫 / 劇本 / 廣告 / 室內設計 / 平面設計 / 工業設計 / 程式設計 / 創新發明

學術類	神學 / 哲學 / 文學 / 數學 / 物理 / 化學 / 醫學 / 天文 / 地理 / 大氣 / 歷史 / 電腦 / 地科 / 生物 / 法律 / 考古學 / 海洋學 / 經濟學 / 社會學 / 會計學 / 佛學 / 禪修
表演類	演講 / 脫口秀 / 演戲 / 說笑話 / 崑曲 / 國劇 / 歌仔戲
商業類	創業 / 管理 / 股票 / 期貨 / 權證 / 房產投資 / 金銀投資 / 外幣買賣
人際類	教學 / 公關 / 溝通 / 關懷 / 搭訕 / 親和 / 調解 / 談判 / 政治 / 催眠 / 善解人意 / 影響力 / 討人喜歡

兩性教育──在兩性關係上得到滿足是人性

　　兩性議題，也就是男生和女生相處的大小事，一直是這個世界從來不會缺席的話題。兩性的互動、交往，更是人類從在地球上誕生到現在，最為吸引人卻又最為難解的議題。我們之所以能夠繁衍、生存，每天的生活之所以能夠充滿樂趣和熱情，與異性的互動都扮演了極為重要的角色。尤其，對於還在求學階段的年輕學生來說，這些事情更是永遠聊也聊不膩！

　　在學校教書的時候，由於我教授的是很多人都感到困難的物理學，難免常常會看到學生在上課時愁眉苦臉、有氣無力的神情。這也難怪他們，畢竟面對充滿數學計算和公式理論的物理學，能夠興趣盎然的在聽課，我看也真的是神人了！也因為這樣，平時上課在講課之餘，偶爾還是會跟他們聊聊其他事情，紓緩一下上課的嚴肅情緒。這時候我就發現一件有趣的事了：每次只要我不小心聊到了兩性的議題，例如講講男女生追求、交往、相處的故事，這時候就算是平時上課再懶散、再不認真的人，一樣會立刻眼睛充滿火熱的眼光，有的甚至立刻拿起筆記本裝模作樣在抄筆記，跟剛才簡直是判若兩人，真是好氣又好笑！

看到學生這種「率直」的反應,除了讓我苦笑了一下,但也讓我思索一件奇怪的事情:明明兩性關係的建立和互動,是人類最原始也最根本的需求,但為什麼這麼重要而基本的課題,我們卻沒有將它放進我們學校的課程裡面,列為優先必修,甚至反而刻意的去忽略這樣學習需求的存在?

兩性教育應該從小實施

在台灣,絕大多數高中職以下的學校,都把談戀愛列為不允許或不願公開承認允許的項目,也從來不會去鼓勵學生主動積極的追求自己的感情生活。但是,一個人的生命是否充實,生活是否幸福,愛情能造成的影響力顯然遠高於能夠多解出幾題高難度的方程式、多記得一些地理名詞,既然這樣,那為什麼我們要求學生花那麼多的時間拚命解題目、記課文,卻不願意排入適量的戀愛課程,幫助他們修好現在和未來的戀愛學分?

人生會遇到的兩性困擾很多,若是能夠早點就開始學習,我們就能夠幫助許多人未來在感情路上走得更加成熟開心,甚至能夠避免一些悲劇的發生,該學習的課題有很多,我認為包括下列幾點:

◆ 如何認識令自己心動的異性
◆ 如何利用兩性的吸引力激勵自己努力向上
◆ 如何成功邀約異性
◆ 如何在約會中吸引異性
◆ 如何健康成熟的與異性交往
◆ 如何和平的處理分手議題

◆ 如何處理失戀時的低潮

◆ 如何擁有美滿的婚姻關係

◆ 如何建立安全健康的性觀念

　　很多人可能會覺得：「當學生就好好念書，不要急著談戀愛，等到考上大學自然會有很多機會，何必這麼早認識兩性問題，接觸兩性教育呢？」這種說法固然很多人習以為常，但是實際上卻違背人類正常的生理發展。正常人即使在小學階段，就已經情竇初開，只看有沒有表現出來而已。尤其現在的社會越來越開放，既使我們大人表面上禁止小孩談戀愛，也阻止不了他們「偷偷來」。所以，既然我們很難禁絕他們正常的抒發自己的情感，還可能要承擔他們用不成熟方式來處理兩性問題的後遺症，那為何不乾脆好好的給予他們這方面的教育和輔導呢？

　　小孩早一點接受正確的兩性教育，學會用積極正面的心態去面對它，能夠讓小孩在成長的過程中，知道該怎麼化解感情所帶來的困擾。若是沒有遇到合適的緣份，能夠不斷的充實自己，不會患得患失。若是遇到了對的人，更能夠在正確的觀念下去試著經歷一段感情，從中學習愛情的酸甜苦辣，並且在過程中成長、蛻變。這種有正確的教育，然後順勢而為，絕對比什麼都不教，就一昧的禁止要來得有意義得多！

　　再者，若是把兩性的學習全部都推到考上大學以後，認為上了大學就自然有很多機會可以嘗到戀愛經驗，修到戀愛學分，這也未免太過一廂情願。沒錯，考上大學固然會有很多的機會。但是，難道一個人從小到大都活在教科書堆當中，從小到大都不練習與異性相處，只要上了大學後，這

些「很多的機會」就會都如奇蹟似的，自動降臨在這個人身上嗎。難道一個人只要考上了大學，有興趣的異性就都會像童話故事般的跟你邂逅、發展、交往嗎？除非這個人天生就有這方面的優勢，否則想都別想勒！比較有可能的情況是，整天被心儀的對象打槍，狂被發「好人卡」，但是最後卻連自己怎麼出局的都不知道。去大學宿舍走一圈，看看每天有多少待在宿舍，怨氣很重的曠男怨女吧！（怎麼高老師我覺得你是在說你的大學生活啊！）

不健康兩性心態引起的悲劇

如果我們沒有主動去關心年輕男女的兩性問題，就任由他們在遇到兩性困擾時自生自滅，一旦這些困擾在我們沒有察覺的時候，悄悄的超過了他們所能負荷的極限，將可能產生無法挽回的嚴重悲劇。例如，在2012年初，就有一則年輕學生的新聞震驚了台灣和日本：

故事發生在2012年1月5日的日本東京都台東區新御徒町，兩名就讀「草苑日本語學校」的台灣女留學生，被發現陳屍在學生宿舍中，並且身中20多刀。如此殘忍的兇殺行為，立刻引以警方積極的調查。後來被高度懷疑行凶的，原來是同間學校，同為台灣籍的張姓留學生。當日本警方後來找到了他，並將他帶上警車準備前往警署偵訊時，他居然趁員警不注意時，用預藏的利刀割喉自殺身亡。

這件引起當時台、日一陣譁然的社會新聞，儘管命案已經落幕，但是包括張姓留學生和兩位遇害女生，總共三個破碎的家庭，卻留下了永遠也

無法彌補的傷痛，真是讓人感到不勝唏噓。

當時所有關心這個案件的人都想要知道，究竟有什麼樣的深仇大恨，這位男生要這樣狠心的殺害兩名女同學？在案件結束後，透過各家媒體的報導，我們應該是能夠大致掌握悲劇發生的原因：原來是這位張姓男同學天生個性內向木訥，對於其中一位死者平日十分愛慕，但是卻又無法與這位心儀的對象順利交往，於是就在糾結的情緒下，於某次兩人碰面的時候，在宿舍中一時失控殺死了那位他愛慕的女生和另一位女性室友。

面對這樣的新聞，除了感到遺憾，或是去怪罪這位男同學為什麼要這麼狠心的殺害這兩位女生。我想，以積極的角度去看，我們更應該思考的是，原本愛慕異性是天經地義的事情，但是為什麼我們的教育體系，從來沒有好好的去教導學生，該如何去追求他有興趣的異性，更從來沒有好好的教導學生，該如何去處理感情上的挫折和不順，積極的開拓自己的人生。

兩性關係的建立和滿足，對於成長中的年輕人來說，是極為渴望經歷的生命歷程，但是對於他們如此重要的情感議題，我們非但沒有好好的去教育他們成熟的面對這些問題，取而代之的卻只是塞給他們國文、英文、數學、理化、社會的課本和考卷，要他們把時間幾乎都花在這幾個科目上面。若是這些年輕學子運氣好，或許周遭還有合適的父母、師長、朋友，可以互相分享心中的煩惱，可以宣洩自己不開心的事。但若是身旁剛好沒有可以分享的對象，或自己本身個性十分內向閉塞，那麼這樣的人就可能就會成為社會上的一顆未爆彈，一不小心就會引起難以挽回的悲劇。

我也遇過感情的困擾

我記得從前念書時候的我，也是十分內向害羞的，絕大多數的時候，我既不懂得如何和女生相處，也不知道該如何讓心儀的女生也喜歡上我，這對我來說曾經產生了極大的挫折感，但是很可惜的，那時候從來沒有管道可以學習兩性的相處技巧，讓我白白花費了很多的青春歲月在自尋煩惱。

好在我考上研究所的那一年，因緣際會認識了一位戀愛專家——鄭匡宇博士，才讓我開啟了一扇一輩子從來沒被開啟過的窗，從那時開始，我才算真正有機會學習到從小到大極度欠缺的教育——兩性教育。至今，透過不斷的學習和努力，我才能夠漸漸擁有我所喜愛的兩性生活，我也終於能夠在兩性關係上，得到以前不敢奢望的滿足。這些出現在我生命中的異性朋友，因為有她們的美麗、聰穎、包容，我的生活才能如此充實而美好，充滿絢麗的色彩。雖然直到今日，我仍然可能不斷遇到挫折、不斷犯錯、甚至互相傷害彼此，但是我知道這些過程，都能讓我變得更堅強、更成熟、並且擁有更好的生命，主導我思想和行動的不再是害怕、怯懦、憤怒的情緒，而是自在、開心、美好的情緒。這種根本上的轉變，是讓自己感到生命是放在一個不斷向上提昇的狀態，這種感覺很棒！並且，也唯有在這樣正面的心態主導之下，人生才不會因為扭曲的心態，而做出傷害自己和他人的事。

創業財務教育——培養一輩子不需為錢而活的能力

　　傳統教育一直在努力為孩子安排一條未來可以順利就業的路，希望他們能夠擁有一技之長，找到好的工作。所以我們常常聽到父母親、老師不斷告誡我們：「好好念書、考上好大學、找份好工作、公務員很不錯」之類的言語。

　　若只是從順利就業的切入點去考量，這樣的建議，在過去的時代似乎確實頗為受用。但是很可惜的是，這幾十年世界進步得太快，現在的時代，已經跟過去很不一樣了！這幾年從學校畢業準備投入職場的社會新鮮人，已經嘗到死守這條過時金科玉律的可怕後果。大學學歷過剩、產業變化快速等等因素，導致跟著這條路走下去的人，從大學畢業之後，美好的故事就已經走到終點。

　　可是，難道教育學生努力念書，以便未來擁有好收入錯了嗎？不，這並沒有錯！除非是含著金湯匙出生，否則每個人在這個世界上，確實都需要能夠擁有足夠的收入，來支持自己的生活開銷。所以我們的教育期待學生能擁有安身立命的收入，並沒有錯。只是，擁有足夠的收入和賺錢的能力，在這個世界上其實有很多種的方式，每個人適合的方式都不盡相同，但為何傳統教育只一昧的強調「找份

好工作」這一條路呢？

多種財富的取得方式

　　全球最暢銷的財富書籍《富爸爸·窮爸爸》告訴我們，全世界所有人的收入，主要可以分成四種來源，分別是E、S、B、I四種象限，條列如下表：

象限名稱	舉例說明	特色描述
E象限 （Employee）	公務員、上班族	上班時間固定，適合追求安全、穩定，畏懼風險，普遍收入不高，
S象限 （Self-mployed）	家教、擺地攤、賣雞排、私人診所醫師、律師、保險業務員	能自己決定主導工作時間，需要能夠專精某項技能，普遍收入不高
B象限 （Businessowner）	企業家、大老闆，例如比爾蓋茲、賈伯斯	創辦一個能夠自己賺錢的企業，成功者收入會相當可觀
I象限（Investor）	投資者，例如華倫·巴菲特、喬治·索羅斯	透過正確預測未來創造財富，成功者收入相當可觀

　　父母師長時常告誡我們「拿到好分數、考上好大學、找到好工作」的人生之路，就是屬於E象限，但這個象限是否為一個好的收入模式，答案則是因人而異，如果你追求的人生是穩定、安全，並且期待老闆、政府能夠照顧你的生活，不在乎用生命的歲月去交換尚可溫飽的金錢，那你就適

合E象限的收入方式。如果你追求的人生是自由自在、發揮創意、接受冒險、並期待遠比一般人更好的財富收入，那顯然E象限就不太適合你。

全世界最富有的一群人，其實都集中在B和I象限，例如台灣企業家郭台銘、張忠謀，以及美國投資家華倫‧巴菲特，他們的財富，是許多人花好幾輩子也未必能賺得到的。而我們熟知的，每天要辛苦工作才能賺取基本收入的，則比較偏向E和S象限。遺憾的是，絕大多數的人，因為傳統教育的緣故，最終都走向E象限這條路，或者頂多S象限，也就是一群最辛苦工作，平均收入卻最少的一群人。這種教育，通常是從小時候就開始潛移默化在許多小孩的觀念中，所以我們從小就會聽到大人問我們：「你長大後要做什麼工作？」或者「不好好念書，以後就找不到好工作。」而不是問我們：「你長大想要創辦什麼樣的事業」或者「你打算幾歲不靠我們養你就能夠財務自由？」

為什麼學校只培養學生成為E象限？

我曾經想過，如果這個世界賺取財富有很多種方法，那為什麼從小到大，我周遭的長輩，總是都教我要成為一個E象限，當個上班族。關於賺錢這方面，為什麼我最常聽到的總是：「你長大以後要做什麼工作？」、「要在一間公司好好待著累積年資」、「有退休金和保險很重要」、「錢是存來的」……從來沒有人教過我不一樣的觀念，例如：「要創造有價值的事業」、「要創造一個自動幫你賺錢的系統」、「要學習讓錢為你工作」、「你能服務的人越多，你可以賺得錢就越多」、「財富要用頭腦創

造出來，不要用體力換來」……長大之後，我終於明白這個問題背後的答案了。之所以我一直只能接受到E象限的賺錢觀念，原因就在於，學校的老師，我們的父母，和周遭的親友長輩，往往也都是E象限的工作者，因此對於一個圍繞在上班族的成長環境來說，你很難見識到不一樣的世界。所以像是「不用工作就有收入」、「創造一個系統為你賺錢」這些觀念，通常都會被歸類為不切實際、不勞而穫、絕不可能，因此我們就不可能啟發這方面的能力，只能註定未來同樣走向E象限之路。

年少就創造自己的事業並非不可能

雖然對於E象限、S象限的人來說，剛才提到的許多不那麼熟悉的賺錢觀念，聽起來都是那麼的不可思議。但是，教育在某種意義上，不就是要去開拓人們的思維、實現人們的潛能，幫助他們做到原本不能做到的夢想嗎？並且，上述的許多創造收入的觀念，雖然在我們周遭並不常見，但卻是真實存在的，重點只在於，我們究竟有沒有給予孩子足夠的教育，幫助他們走上一條不需要靠大量勞力、不需要靠長久的生命來換取財富的財務自由之路？若是我們真的有讓每位小孩都接受充分的創業教育，並且啟發他們對賺取財富豐富的想像能力，那麼，未來讓多數人都漸漸脫離用生命和體力去換取金錢的世界，是不難期待可以發生的。可是話說回來，我們究竟該如何教育孩子，從小培育他們創造財富的能力呢？在《富爸爸富小孩》這本書裡，記載著一個很棒的故事，就可以提供給我們很好的參考：

故事分享

布瑞恩與糖果機

美國有一位男孩布瑞恩，雖然只有14歲，但是對公司經營和理財都很有興趣，他的父親並不是對他說：「好好念書，不要管錢的事，等大學畢業了找份工作」，而是思考著怎麼幫助他開發出他的天賦。

有一天，布瑞恩跟他父親說他想要一個新的高爾夫球桿，他父親立刻抓住這個機會對他進行財富教育，他不希望兒子跟大多數人一樣，變成錢的奴隸，每天努力工作，再快速把錢花光，他想讓他變成知道如何讓錢為他工作的富人。於是這位父親告訴布瑞恩，自己去找附近的鄰居，看看有什麼工作可以賺得到錢來買球桿。

本來這位父親以為布瑞恩會感到生氣，沒想到他反而高高興興的去尋找賺錢機會，因為他認為這樣能夠訓練靠自己賺錢，不再只是個伸手拿錢的小孩。於是，辛苦工作了一整個夏天之後，布瑞恩終於存夠了可以買球桿的錢了。不過，此時他的父親並沒有馬上帶著他兒子把錢花掉買球桿。

他帶他的兒子到股票經紀公司裡開戶，存了一百美金進共同基金裡面，並告訴他的兒子讓這些錢作為他未來上大學的基金。接下來這位父親做的事，更加讓人難以置信，他拿走了兒子另外賺的四百美金，然後告訴他，你現在還不能使用這些錢，除非你找到一個可以買下高爾夫球桿的資產。原來父親在激發小孩去思考怎麼不要花掉這些錢，又可以買到想要的東西。

　　布瑞恩起初很不能接受，後來在了解父親的用意之後，其實也覺得這挺棒的，「如果做到了，我就能買到高爾夫球桿又留住我辛苦工作的這些錢！」布瑞恩如此盤算著。

　　接著他果然又開始行動，他開始閱讀報紙上的資訊，絞盡腦汁想些能創造資產的辦法，他也跑去跟高爾夫球用品店找店主商量，看看有什麼辦法可以創造雙贏。有一天，他回家後告訴他的父親，他終於發現一個既能留住錢又能買高爾夫球桿的辦法了！

　　究竟是什麼辦法呢？相信大家一定很想知道。

　　原來，他找到了一個想要低價賣出「自動糖果機」的人，所以他就趕緊跑去高爾夫球店問問，看看能否在他們店裡放「自動糖果機」，沒想到對方還真的答應了！於是既然布瑞恩找到了方法，父親就用350美金買下了兩台機器和糖果，並且安裝在高爾夫球店內。此後每星期，布瑞恩就會找一天去店內收錢並且加滿糖果。兩個月後，再賺到的錢已經足夠讓他買高爾夫球桿了。最後他同時擁有了球桿，和穩定的糖果收入。

　　不過布瑞恩不愧真的有生意頭腦，當他發現糖果機器是資產時，就立刻購買更多部機器，後來他總共擁有六部糖果機，持續提供他穩定的收入。布瑞恩父親的財富教育，讓他最終能夠擁有足夠的資產和高爾夫球桿，甚至還能夠不另外工作就足以支付高爾夫球場的租金，最棒的是，兒子既然在高爾夫球上學到財務獨立，這位老爸就不用再為此多付半毛錢了！

　　八個月後，布瑞恩當初的大學基金已經變為六千美金，而且糖果機也增加到了九部，持續提供他源源不絕的收入。他開始考慮起了另一項生意，並且嘗試接觸會計領域，以讓自己擁有更多能力可以掌握自己更複雜的財務狀況。

　　這真是令人驚奇的故事！

從小就培養孩子財富的腦袋

　　念國中時，我曾經夢想當個企業家，那時雖然我懂的不多，但我隱約知道，成功的企業家可以賺很多錢，不用只是為了賺個可以餬口的收入，就必須每天做自己不想做的事、上自己不想上的班，不過在國中的時候，父母、老師、和身邊所有的人，都告訴我念國中最重要的事情就是考高中，而不是其他的事情，我的身旁沒有除了傳統教育以外的人可以學習，我也沒有熟識任何在B象限和I象限成功的長輩，於是我就把升上好高中這個指令，當成我現階段人生的全部。

　　上了高中以後，身旁的人再一次告訴我，念高中的目的就是考上好大學，沒有比這個更重要的了，所以我很自然的，再一次以考上好的大學做為人生最重要的目標，儘管我當時也不是那麼清楚這個目標是不是真的那麼美好。

　　而如今，從現在的我回過頭去看我自己，我卻覺得，雖然當時內心一直藏有對財富的興趣，但傳統教育的觀念卻認為在沒有完成學業以前，都不需要談論到如何獲取財富，導致我直到從離開學校以後，靠著自學才開

始了解這個世界的財富究竟是怎麼一回事，這實在是相當的可惜。從小到大我被教導的賺錢觀念，就是先好好念書，等到未來畢業後，再去上班領薪水，然而，雖然這是一個常見的賺錢方法，但是卻是相當死板也不適合我的方法。

我現在才了解到，真正的財富，其實是來自於腦袋中的觀念、想法、創造力，而這些東西，如果能夠從小就開始培養，就越能夠內化並激發出遠比現在更為豐富的火花。如果我能夠做時光機回去，告訴小時候的我一些金錢的知識，那我應該會跟他分享很多有趣的觀念，例如：

◆ 錢是什麼？貨幣是什麼？

◆ 錢如何產生的？

◆ 錢的價值如何被認定的？

◆ 為什麼經濟會成長？

◆ 通貨膨脹是什麼？

◆ 投資是什麼？

◆ 為什麼房價、股價有漲有跌，該怎麼掌握這些變化？

◆ 該怎麼創業？

◆ 公司是什麼？創辦公司需要學會哪些事情？

◆ 怎麼看懂財務報表？

◆ 除了上班之外還有哪些賺錢的方法？

◆ 有錢人都是怎麼賺錢的？

◆ 什麼是股票、期貨、選擇權？

◆ 該如何把東西推銷出去？

◆ 如何用腦袋而非勞力憑空創造出財富？

◆ 要如何為更多的人服務，並跟他們收費？

◆ 要如何在睡覺時也能有源源不絕的收入？

◆ 如何不需要用自己的勞力和時間去換取金錢？

　　試想，如果一個孩子從小就開始在思考這些問題，那麼他將會有多麼不一樣的金錢觀念，如果一個孩子從小就沉浸在這些觀念當中，他又將會增加多少在年少就創造財富的機會呢？但是，如果我們只是為了要小孩好好念書，而刻意忽視或根本不知道該如何去教育小孩財富知識，那他的人生將會有多大的損失啊！

　　現在生存的這個世界，已經變化得太快，跟從前比起來，訓練小孩保持對這個世界的敏銳度就顯得十分必要，若我們從小就給孩子足夠的財富教育，一旦發現好的機會，他們就能夠善用自己的優勢抓住這樣的契機，嘗試讓自己達到經濟自主的能力。如果父母覺得沒有這樣的觀念來教育他，就應該交給專業的教育機構來指導，而不是像傳統的「學生就好好念書，畢業後再找工作賺錢」，如果一個人在脫離父母經濟支持下，就已經有能力養活自己，甚至建立起可以自己運作的賺錢企業，那他根本就不需要僅僅為了討一口飯吃，把可貴生命的每一分每一秒，廉價賣給他的老闆，一輩子為了活著工作，而不是為了自己滿滿的熱忱而工作，這真的是人生一大悲哀。

年輕就富足的時代漸漸到來

　　隨著科技的進步，和全球高速網路的架設，現在已經有越來越多的年輕人，可以輕輕鬆鬆的藉助數位科技，將自己的創意和才華發揮出來，完全不受年齡和地域的限制。即使是未成年的孩子，也可以藉助這些科技的輔助，讓自己的天分被彰顯出來，甚至直接投入經濟市場，開始走向經濟獨立的人生。例如在〈不靠傳統教育也能成功〉一章中，我會介紹8歲開始利用網路賣彈珠的英國男童喬迪恩、5歲開始利用網路創辦多家獲利公司的美國創業家卡麥隆強森、透過Youtube網站爆紅並成功成為全球明星的加拿大歌手小賈斯汀，這些全部都是因為藉助科技進步和早慧的才華，在未成年的年紀就快速崛起的新一代明星。也因為他們並沒有受到傳統教育的摧殘，充分的發揮了自己的長才，都在未成年的階段，就已經在經濟上獨立，甚至遠超過一般成年人的財富。而在不久的將來，很快的會有更多更方便、更令人驚奇的新科技問世，未來我們有理由相信將會有更多的未成年孩子，以更令人難以置信的方式快速竄起，但我們是否已經準備好肥沃的土壤，能讓這些種子發芽並且結果？

社會觀察家

102年4月前20名職缺之學歷要求比較分析　　　　　單位：人

職類	總計	國小以下	國中	高中職	專科	大學	碩士	博士	不限
製造勞力工	21,790	316	3,522	7,746	170	14	0	0	10,022
工業及生產技術員	12,717	16	2,372	7,702	757	323	10	0	1,537
其他餐飲服務人員	8,926	27	240	3,816	1,451	36	0	0	3,356
商店銷售有關人員	8,122	4	393	4,633	626	91	0	0	2,375
金屬工具機設定及操作人員	7,653	15	856	2,879	231	40	1	0	3,631
保全及警衛人員	5,472	74	1,081	2,656	40	11	0	0	1,610
辦公室監督人員	5,302	0	74	2,059	1,808	382	44	0	935
其他電子設備裝修人員	4,766	0	335	3,525	58	55	0	0	793
商業銷售代表	4,661	12	120	1,856	1,019	457	6	0	1,191
電力及電子設備組裝人員	3,961	11	388	3,066	13	4	0	0	479
電機工程技術員	3,939	1	240	1,896	829	196	1	0	776

工讀生	3,838	19	121	1,682	1,103	74	0	0	839
辦公室、旅館及類似場所清潔工及幫工	3,829	185	622	256	33	0	0	0	2,733
環境清掃工	2,722	144	140	72	6	0	0	0	2,360
電子工程師	2,157	0	6	1,467	369	256	28	0	31
食品烹調助手	2,130	15	176	480	85	20	0	0	1,354
營建勞力工	1,829	48	71	44	0	0	0	0	1,666
一般辦公室事務人員	1,747	0	4	574	624	322	4	0	219
電話及網路客服人員	1,737	2	56	725	453	124	0	0	377
資料輸入及有關事務人員	1,696	3	23	738	416	260	9	0	247

　　由此表可得知，學歷高不代表就能找到自己的理想工作，而臺灣又有高學歷高訂價的不成文規定，即使工作滿意但薪水不見得滿意，在決定繼續深造或工作時，都應該以將來的夢想做為考量比較恰當。

資料來源：全國公立就業服務機構102年4月份求職求才統計資料分析

第3章

讓孩子與世界接軌的
網際網路

在這個全球化的時代，在這個網路無國界的時代，越是符合利他、慷慨特質，並且能夠利用網路貢獻你的價值給全世界的人，就越能夠讓全世界認識你，喜愛你，與你合作，你也就有比別人更多的機會，將這些變成你人生旅程中精采的篇幅，甚至能夠轉換成有形與無形的利潤，變成你個人的資產。

網際網路登場——一個連結全世界的新時代

網際網路（Internet），簡稱網路，指的是透過電子訊號，所搭建起來一個連接全世界的虛擬國度。在這個虛擬世界上面，我們可以透過電腦、手機等工具，來互相傳輸多種形式的訊息，例如文字、音樂、影像、甚至金錢。

許多人都會十分同意，網際網路絕對是近代最具影響力的革命性發明和應用。從西元1990年，大眾開始認識這個概念開始，到今天過了整整22年。網際網路不僅在通訊、視聽、消費、娛樂等領域，為產業界創造出許多新的遊戲規則，它的影響力更一步步的在深度和廣度上蔓延到人類無數的生活細節上。而從本書教育的角度來看，網路更是扮演越來越重要的角色，也越來越值得我們去善加利用。因為網路上不僅有數不清關於教育和學習的課程、影片、多媒體，範圍涵蓋小學到大學以上，更令人驚喜的是，這些資源許多都是以免費的方式，分享給所有可以上網的人們。現在的學生，只要透過一台可以上網的電腦，在家中、在咖啡廳、在世界任何角落，就可以瞬間接觸到全世界數不清的教育資源。對於想要學習的人，這個時代早就已經有數不清的資源可以取得。無法成功，通常是渴望和努力

根本不夠，缺乏資源已經不再是藉口。

　　但是，很遺憾的是，儘管網際網路已經如巨浪般在推著世界前進，我發現我們的整個教育體系，普遍仍然過度低估網際網路對於小孩未來的重要性，也過度低估小孩對於使用新發明、新科技的教育和利用。絕大多數的學生，在學校體制和家長的攜手合作之下，成功的將學生隔絕在網際網路或新科技的大門之外，並把他們拉回到自己的課桌椅上，因為他們有唸不完的學科書籍、寫不完的練習卷、考不完的試。但是這樣的結果，也順便將數不盡的年輕學生，隔絕在這場全世界以爆炸速度成長的未來遊戲之外，讓他們喪失了在這個巨大舞台上盡情揮灑的機會。

大人和小孩面對科技的不同反應

　　其實這樣的現象並不難理解，稍微觀察一下周遭大人和小孩面對新事物的反應，或許就能夠知曉它的原因。小孩對於新科技和新發明總是充滿好奇，而且學習起來更是十分的快速，反倒是大人活在世界上太久了，不再容易對於新東西感到好奇。我們喜歡熟悉的事務、喜歡習慣的東西，對於新的事物，不是有意無意的抗拒去接觸，就是學得焦頭爛額、力不從心。但是當一個小孩第一次接觸到iPad、智慧型手機、網路這些新科技時，你會發現到，他們不但會充滿好奇的去接觸它、去認識他、去探索它，而且即使沒有人刻意教導，他們也能在很短的時間內就操作順手，玩得不亦樂乎。新發明的使用，對他們簡直就如同呼吸一樣的簡單！所以，基於這種對於新科技不對等的使用感受和天分，我們確實很難指望大人會

積極且樂意的重視小孩對於新事物的接觸。

　　傳統教育會如此低估新科技對小孩的重要性，除了上述的原因之外，我相信我們還可以歸因於上個世代與現在，其實根本是生存在不同遊戲規則的世界當中，而那些制定傳統教育的人，就是在上個世代成功的人，他們自然無法深刻體會新科技對這個世代造成的衝擊和急迫性。

上個世代的遊戲規則

　　對於許多人來說，上個世代普遍對於人生成功的定義和遊戲規則，就是：「拿到好分數、考上好大學、找到好工作」。這也是我們大人，直到今天還是常常拿來教育小孩的話。但是很遺憾的是，地球上的遊戲規則，向來不是一成不變的，如今整個世界產業的遊戲規則，已經正在加速改變當中。「只是」好好念書、好好考大學，在這個世代顯然已經不保證能夠找到好工作，也不保證能夠找到屬於自己的成功。遊戲規則已經在改變，但是從過去遊戲規則當中成功的「大人」們，仍然難以忘懷舊的規則帶給他們的深刻記憶，因此很自然的仍然一直用過去的遊戲規則在教育小孩，而不是（或無法）用現在或未來的遊戲規則教育小孩。而這樣隱藏在價值觀裡，不易被察覺到的教育問題，已經越來越嚴重的影響台灣的青年人身上：例如我們訓練出了一批又一批找不到工作、看不到未來、得不到富足、感不到快樂的畢業生。比起只緬懷一種成功的遊戲規則，並用它來教育一代又一代的小孩，在現在快速變遷的世界來說，我們更應該學習各種不同，或全新的遊戲規則，並找到適合自己小孩的規則來教育他們，我聽

過一句相當有意思的話：「每當遊戲規則改變時，贏家和輸家就會重新洗牌」。所以不斷學習新的遊戲規則，才有可能在不同的時代贏得屬於自己的成功。

我知道其實也有很多的學生，平時是有能力自由的使用網際網路或智慧型手機、平板電腦等新科技，而沒有被刻意的禁止和限制。但這並不代表他們真正掌握了這些新工具的威力。對於絕大多數可以經常上網的學生來說，網路充其量也只是他們上上Facebook、收發E-mail、看Youtube影片、搜尋資訊的工具而已，不但浪費了許多不必要的時間在哈啦打屁，更錯過了網路真正強大的威力。例如免費的學習、塑造個人品牌、建立巨大影響力、為全世界人類解決問題、甚至網路創業等等，十分可惜！

許多事物都有兩面刃，強大的武器在經過正確的使用後，就會為我們的人生披荊斬棘，開創出一條又一條美好的道路。「網際網路」就是這個時代所有人都應該從小好好學習的強大武力，所以在本章中，我想要特別就「網際網路」這個主題，介紹他的起源、發展，還有它是怎麼樣影響現代世界的發展，我們又應該用什麼樣的心態去使用這樣的工具，才能夠幫助學生不要只活在傳統教育的象牙塔裡面，而是能夠跟全世界同步接軌，並在廣大的網路世界，找到自己的發揮舞台。

網路的演化——泡沫後的浴火重生

網際網路從被發展出來至今，一直以極快的速度在進步和演化。為了更加了解網際網路這個概念，我們值得做個簡單的回顧：

◆ 1989年，歐洲高能粒子協會（CERN）發展出了網際網路的雛形。由於它能把所有的資料串連在一起，並且在遠距離交換圖片、文字、影像、聲音等資料。很快的，越來越多人極度看好這個概念的前景，並繼續投入資源使之不斷成長茁壯。

◆ 1990年代，網際網路開始對全球發布。網路最初能夠呈現的資料，跟現在比起來雖然相對單調，但是由於全世界對這個新的概念充滿好奇，更十分樂觀的期待他的發展性，因此引起了持續好幾年瘋狂的網路熱潮。尤其在美國，大批的創業家、創投、紛紛將資源和金錢投注到這個充滿未知的未來產業中。在這塊魅力無窮又極度蠻荒的全新國度上，每個投入其中的人都像在瘋狂追逐看不到的獵物一般。期望砸錢在新科技上面後，未來能夠成為首先獲得巨大報酬的人。那時候，那種荒唐般的慘烈廝殺景況，實在是現在所難以想像的。

◆ 2000年，終於，眾人對網際網路過度瘋狂的投入，已經超過了網路當時所能夠展現的商業價

值。網路雖然是一個十分新穎的概念，但是嚴重失衡的供給和需求，終於引發了影響全球的「網際網路泡沫」事件。此一事件令許多公司的股價極速下滑，甚至直接破產。許多網路新貴原本身擁的鉅額財富，在一夕之間煙消雲散。例如當時一家eToy公司的董事長雷克，身價就從3.25億美元暴跌到50萬美元。曾經的世界首富比爾蓋茲，當時也因為泡沫化，身價從近1000億美元大幅蒸發掉近400億美元的財產。

網際網路浴火重生

正如同大自然也會有週期性的地震和風暴，以宣洩它原本不平衡的能量。網路泡沫事件雖然對很多人來說，是一場巨大的災難，但是它不但沒有真正摧毀這個概念，反而為網際網路的生態找到了一個新的平衡點。當時許多真正對人類的生活方式有幫助的網路公司，不但沒有被網路泡沫所摧毀，反而在這一場風暴結束之後，強健的展現出龐大的潛力和動能，並且持續高速擴張和成長，例如網路商店亞馬遜（Amazon）、線上拍賣網eBay、搜尋引擎龍頭Google、全球最大入口網站雅虎（Yahoo）等。其中Google，甚至在2005年，也就是網路泡沫後的5年，市值就一路狂飆到1400億美元，其快速暴增的商業價值，堪稱是網際網路的傳奇故事。

直到今日，網際網路已經透過電腦、智慧型手機、筆記型電腦，滲透到每一個人的生活，並真正向世人證明它存在的價值。從2000年網路泡沫到今天，除了原本存活下來的公司許多仍然繼續發展外，提供新服務、新創意的公司或網站，更一家又一家的如雨後春筍般的出現，例如影音網站Youtube、社群網

站臉書（Facebook）、維基百科（Wikipedia）、微網誌推特（Twitter）、免費通訊軟體Skype等。這些新的技術和應用不斷的被發明出來，除了一波波的影響人們的生活方式之外，更讓這些掌握全新遊戲規則的人，在這個嶄新的世界中取得了不可思議的巨大成功，更為他們累積了數不清的財富。

全新的遊戲規則──塑造出一批全新的贏家

工具，是人類用來彌補先天體能不足所發明出來的東西。人類的體能，在所有動物當中，並沒有什麼出色的地方，人類跑得不是最快的、跳得不是最遠的、力氣不是最大的、嗅覺聽覺視覺都不算是動物當中夠優秀的，甚至我們不會飛、也不能在不背氧氣筒的前提下就潛進水中好一段時間。還好，我們的頭腦，是所有動物當中最優秀的，並且我們很會利用頭腦的創造力（而不是死記和複製力）來發明新的工具，輔助我們的不足。

從歷史的發展中我們不難看到，為了因應人類的需求，總有許多新工具不斷的被發明出來。而每當新工具一出現，能夠最快速善加利用的人，就有很大的機會能夠輕易擊敗還在使用舊工具的人。例如在戰爭中，掌握了新的工具，就能夠更有效率的打敗敵人。在商場中，掌握了新的工具，就能夠省下更多的資源，並賺進更多的錢。而在職場中，懂得操作新工具的人，就能更有效率的工作，能夠獲得更大的報酬。

我們來看看歷史上幾個重要的例子：

◆ 18世紀中葉，瓦特改良過的蒸汽機被發明出來，於是英國人就掌握了新的工具，在經濟發展上輕

易的打敗其他國家。

◆ 20世紀中葉，美國發明出人類第一顆原子彈，掌握了全新的戰爭工具，當這個全新的工具在戰場上被運用出來，就輕易的迫使日本無條件投降，結束了第二次世界大戰。

　　成功學大師史蒂芬・柯維（Stephen R. Covey）曾說：「在網路的時代，過去只能在頂尖學府取得的智慧財產、商業祕密，不管在地球任何角落，只要滑鼠一按，幾乎都能輕易取得，因此過去需要高學歷才能跨入的菁英型工作，如今將被電腦或全世界各個角落裡，教育程度和薪資需求低很多的人所取代。」

　　今天，新的工具仍然持續不斷的被發明創造出來，甚至要比以往還來得更加快速，懂得善用新工具的人，就能在人類的社會競爭當中，快速竄升脫穎而出。即使是讀書考試，也是一樣的道理。就如同我在另一本著作「台大名師傳授百萬學生最想知道的FunLearn學習法」介紹的手機學習法，同樣就是善用新科技來幫助自己快速超越其他競爭者的方法。而其他不知道或者不積極使用新工具的人，則將會仍舊緩慢的進步，甚至被時代的浪潮淹沒，看不見未來的曙光。

新遊戲規則中的贏家

　　這個世界不難理解的一項通則就是：「**一場全新的遊戲總是會創造出新的贏家，只看是誰能夠最快掌握了新的遊戲規則。**」當1990年網際網路

誕生之後，那些掌握網路技術、擁有創業精神、積極參與網路的人，就是最先一批掌握全新遊戲規則的人，也是最先獲得豐厚回報的人。當大家還在陳舊的遊戲規則裡面廝殺時，他們卻能夠另闢捷徑，快速脫穎而出，在沒有雄厚背景的情況下獲得巨大成功。精采的例子非常多，例如：

◆ 兩名史丹佛大學的博士生布林和佩吉，放棄博士學位創辦了搜尋網站Google，短短7年後，市值就超過1,400億美元。

◆ 台灣移民美國的陳士駿，因為想要讓人能夠自由自在的分享影片，創辦了Youtube網站，創業短短一年半後，以約500億元新台幣的天價，賣給搜尋引擎龍頭Google，創下網路創業的驚人傳奇！

◆ 哈佛大學的馬克‧左伯格（Mark Zuckerberg），因為遭受女生拒絕，在一個不悲憤也難的夜晚，創造出了社群網站Facebook，隨後網站在全球不斷成長，至今已經擁有超過10億會員數，堪稱僅次於中國、印度的世界第三大國家。

◆ 一位美國田納西州的少女福勒（Blair Fowler），年僅16歲，平常她喜歡化妝買東西，而且還喜歡自拍影片上傳YouTube，介紹別人一些便宜的好東西，沒想到這麼簡單的動作讓她紅遍網路。她從YouTube分享的廣告收益，一年就高達10萬美元。（一個月20多萬新台幣）

◆ 一名英國30多歲的單親媽媽盧克（Lauren Luke），不但身材略胖而且其貌不揚，為了賺錢，她在網路上面販售化妝品，由於來訪的客人會希望她能夠示範使用方法，她就乾脆自己拍攝化妝影片，上傳到Youtube，沒想到觀賞她影片的觀眾，很快的就呈現爆炸性成長。因為

擁有高人氣，她不但坐收Youtube廣告費，還推出個人品牌的化妝品，成功實在很戲劇化。

◆ 加拿大一名對音樂極有天賦的男童賈斯汀‧比伯（Justin Bieber），喜歡唱歌、打鼓、彈吉他，媽媽將他表演的過程拍成影片上傳Youtube，吸引到了流行歌手亞瑟小子（Usher）的注意，幫助他成為真正的明星，最後他真的紅遍全世界，身價超過50億新台幣。

台灣或大陸也有很多靠著網路成功的案例：

◆ 電吉他手JerryC，在Youtube上分享自編的搖滾卡農，成為全球爭相模仿的電吉他偶像，更吸引了媒體大幅報導。最後成功的被簽進唱片公司，進行作曲、編曲、演藝的全方位訓練。

◆ 交通大學研究生簡志宇，在2003年推出具備網路相簿、網誌、留言板功能的無名小站，由於十分符合當時年輕人的需求，數年內就在台灣大為流行，2006年時，以約七億的價格賣給Yahoo，堪稱是台灣網路創業的典範（雖然在公司化的過程有些瑕疵被很多人批評），2009年時，會員人數更達到650萬。

◆ 鋼琴創作家pianoboy因為分享了鋼琴音樂，在台灣、內地，和其他國家和地區，建立了可觀的粉絲群，不但最終讓唱片公司注意到他，更為自己帶來一次又一次的演出機會！

◆ 部落格（Blog）於2005年左右在台灣興起，促成當時和之後能抓住這股趨勢的人，都立刻大大的提升了自己的能見度，例如部落格女王彎彎、台灣漫畫家「Ethan」創造的洋蔥頭、台灣部落客「老吳」畫的米滷

蛋、北京女大學生王卯卯畫的兔斯基、輔大猴、海豚男等等，都靠著在網路上分享手繪圖文因此而迅速竄紅。

從上面的例子，我們可以發現，網際網路發展至今，已經幫助掌握這個新遊戲的人，締造出令人難以想像的成功境界，影響的領域更是遍及商業界、出版界、演藝界、設計界、學術界……可惜的是，我們的教育，完全沒有趕緊教導學生如何掌握這個全新的遊戲規則，並且應用到自己身上。直到今日，在學校裡面，最常聽到對學生的訓話還是「拿到好分數、考上好大學、找到好工作」，雖然這個規則我相信仍然適用於某些小孩身上，但這卻是一個已經相當陳舊而且不適合大部分學生的遊戲規則，但是傳統教育仍然努力將絕大多數的小孩送進學校，參與這場近百年不變的遊戲，難怪這麼多學生在學校的教育裡面最終是敗下陣來，並且感到十分挫折。

越是慷慨的人越能在網路得到回報

上面提到的這麼多案例，不管是創辦網站、上傳影音、撰寫文章，分享圖片，或任何形式的網路成功方式，都有一個共同的特色，就是提供好東西，讓世界變得更為美好，**這是一種「利他的心態」，而這正也符合商業世界的規則，你能為世界提供越多美好的服務，你就能越富有。**

然而傳統教育所教導我們的考好分數、上好大學、找好工作的教育思維，卻是明顯偏向利己的思維，這種思維教導你專注在自己能夠擁有穩定的收入，而不是專注在發揮創意和才華讓世界更美好。這種思維希望一個

人成為一個穩穩當當的螺絲釘，而不是讓一個人成為一個耀眼燦爛的發光體。

在這個全球化的時代，在這個網路無國界的時代，越是符合利他、慷慨特質，並且能夠利用網路貢獻你的價值給全世界的人，就越能夠讓全世界認識你，喜愛你，與你合作，你也就有比別人更多的機會，將這些變成你人生旅程中精采的篇幅，甚至能夠轉換成有形與無形的利潤，變成你個人的資產。這麼好的工具，還不趕快開始運用嗎？

加入這場遊戲──成功方程式就是模仿成功的人

　　網際網路的所有故事，曾經帶給我難以想像的震撼和激動，而我從前一直不能理解的是，身為影響孩子甚鉅的學校，為什麼在1990年，網際網路開始發展之初，一直到20多年後的今天，從來也沒有積極的引導、鼓勵、教育學生，去學會參與這場千載難逢的革命性遊戲。卻用幾十年不變的國文、英文、數學、自然、社會等學科和數不清的考試，去填滿學生寶貴的青春歲月？

　　現在的我，總算能夠去解釋這個這個現象背後的原因，我相信有很大的原因，是因為整個教育體制的設計者、學校的老師、和絕大多數的家長，都是從傳統教育的體制裡面獲得成功和成長的。每天在學校、政府單位內，所有老師和政府官員，也都是繞著傳統教育的圈子在轉，因此，對於觀念裡面塞滿傳統教育思維的教育者來說，去期待他們帶給學生一個截然不同的成功模式，去期待學校快速的反應世界的急速變化和新科技的到來，豈不是緣木求魚嗎？

　　說穿了，如果傳統教育並沒有積極教育學生掌握快速變化的未來趨勢，對於曾經也是乖乖遵循傳統教育，從高中、大學、研究所一路走上來的我，又是如何能夠跳脫傳統教育的窠臼，這麼深刻的認識和理解

網際網路這個趨勢呢？這一切的故事，就得從我考上研究所的那一年說起。

石破天驚的休學計畫

2005年，我剛考上了台大物理研究所。

對於大學不是物理背景出身的我，最終能贏得這場勝利，背後的慘烈故事，可真不是三言兩語可以說完的。不過，在此不急著跟大家分享這段歷程，因為，更精采的，反倒是考上之後的事了。

考試放榜之後，再過幾個月，就是註冊的日子。那一天上午，我自己一個人搭著捷運來到公館站，走進了十分熟悉的台大校園，那個我曾感到虛度四年大學光陰的地方。在這個已經待過多年的學校，我相當迅速的就找到了辦理註冊的地方。當天的天氣十分清爽，我的心情也相當愉快，不過愉快的原因，並不是因為即將要入學就讀，而是因為一場已經偷偷密謀許久的計畫，漸漸開始浮現在我心中。

辦完了註冊手續，後面還排著一長串的學生。我回頭看了一下那些興奮準備註冊的同學們，心中有一些些複雜的情緒，我也正在做最後的決定，是不是真的要執行我在心裡已經悄悄密謀的計畫？這樣面臨決定前的猶豫不決，並沒有持續多久，很快的，我稍微吸了一口氣，隨即就開口問了剛剛辦註冊的小姐：

「請問一下，休學的地方是在哪裡辦？」

她抬起頭來，好像楞了一下，然後舉起手來，指向旁邊的辦公室。我說了聲謝謝，就大步走過去了……

「休學！？你為什麼要休學？你不是才剛剛考上研究所，不好好去念　為什麼要休學？」聽到我做了這樣的決定，身旁的人很自然的會對我有上述的疑問，最無法接受的當然就是我爸媽了。但是我都決定了，他們也沒有辦法說什麼，只好無奈的「被迫接受」這個事實了。

我為什麼會想要休學？其實這對我來說也是一個很有趣的問題，有趣的地方在於，這個想法出現在我心中，是那麼的自然而然，好像本來就應該出現似的，就好像哲學家蘇格拉底曾說過，自己內心住著一個精靈，會在必要的時候出現，喚醒他要做出正確的決定一般。

現在我再去回想，其實是完全可以理解為什麼我內心會有這種聲音：從國中開始，我就一直遵循傳統教育的路線，好好念書、考上好大學、甚至考上研究所，雖然我還挺喜歡念書，但是我一直深深的覺得，只有念書的人生，真的是很悲哀很侷限，像是雙手雙腳緊緊綑綁，狠狠被釘在僵硬的人生上，我看不到其他的可能性，我看不到我真正想過的人生，我不要我的人生只是這樣子，我要的遠遠超過現在的我。

發現新工具的威力

休學之後，我不再需要為了分數而念書，我不再需要為了考試而念書，我可以完全沒有設限的去探索我想要探索的世界。於是那一年當中，我就透過打工、一個人環島旅行、四處參觀展覽、到大學旁聽課程、關在房間創作音樂、整天泡在書店等等方式，自由自在的去認識這個世界。

好一陣子，我常常三不五時就泡在誠品書店裡面，隨便挑選我愛看的

書籍，一待就是整個下午。書店裡面包羅萬象的主題，讓我脾胃大開，優遊其中。我幾乎想不起來何時有過這麼樣輕鬆快樂的心情，去認識這個廣闊和有趣的世界。就在這樣時常泡在書店閱讀的日子，我感到自己的眼界一天天被打開，我的世界不再緊繃和狹小，反而心靈有了越來越大的一片天空，這是我接受了大半青春的傳統教育，所從來也沒有過的感受。

　　就在這樣沒有枷鎖的學習氣氛之下，我漸漸從書本中赫然發現到，在過去幾年中，當我每天為了升學、為了考試，花費我的人生歲月埋首書堆中，外面的世界，居然已經發生了這麼多令人驚奇的新鮮事。例如，因為網際網路的快速發展，已經有非常多的人靠著這項新概念，獲得了許多人想也無法想像的巨大成功。其中無名小站、Google、Youtube、Yahoo、ebay、維基百科等網站的創辦人，本身都沒有雄厚的背景，只是像你我一樣的凡人，但是卻因為搭上了網路這個順風車，擠進了改變世界的這場盛會。他們成功的故事，大大的開拓了我的視野，更激勵我想要跟他們一樣，一起參與網際網路這場充滿傳奇的遊戲當中。於是很快的，我便立刻開始思索，要如何利用這個威力強大的工具，又該怎麼掌握這個全新的遊戲規則，在快速的競爭當中脫穎而出。由於我不是學程式設計的，不可能在短時間內也建立一個自己的網站，所以第一個想到網路能夠跟我結合的方式，就是把它應用在我的音樂創作上。

第一次運用網際網路──讓世界認識我的音樂

　　從小就學音樂的我，在休學的那一年，便開啟了我想要創作音樂的興趣，於是幾個月內，我就創作了幾首流行鋼琴作品。在從前的時代，一個

人如果做出了音樂作品，基本上只能夠分享給自己的朋友聽，或是寄到唱片公司，殷殷期盼他們能夠幫你發行，這樣才可能讓所有人聽到你的作品。可是，這樣的作法速度實在是太慢了，在現在這個時代，我應該要運用新的工具，應該要掌握新的遊戲規則，而不是再用陳舊的方式來發表我的作品，於是我立刻找尋網路可以幫助我推廣音樂的方式。

首先我發現，當時全國最大的網路電子佈告欄系統PTT（也就是俗稱的BBS），有一個名稱叫share的討論區（雪兒板），裡頭有許多人在分享各式各樣的資訊，當時，在網路上分享自己的音樂創作還不是非常的流行，但我立刻發現這裡是一個讓作品快速被看見的好方法，於是立刻將創作上傳後發布在share板。本來我設想，我這樣做，如果能讓一些人開始認識自己的音樂，就很不錯了，但是沒想到，作品發表之後，回應和討論我作品的人以非常快的速度增加，持續好幾天，我的音樂作品在share板，可說是被討論得非常的熱烈，並且更傳播蔓延到其他的討論區上。果然，就這麼一個簡單的動作，我使用新的工具，掌握了新的遊戲規則，就真的快速為我的音樂創作製造能見度！像我這樣一個默默無名的音樂創作人，能夠有這麼熱烈的迴響，都是因為我使用了網路這項超強工具的原因。於是，在PTT取得成功之後，我又立刻開始思考如何繼續運用這個強大的工具，這一次，我找上了當時台灣最火紅的社群網站──無名小站。

無名小站曾經是台灣最熱門的社群網站，雖然現在已經不能跟最火紅的Facebook相比擬，但當時在年輕族群當中，無名小站幾乎是無人不知無人不曉，我記得看過一個統計，當時台灣平均每三個人，就有一個人有在

使用無名小站的帳號，可見當時的火紅程度。既然無名如此的火紅，如果我可以運用它的平台來推廣我自己的音樂，那效果豈不就像是核彈爆炸般的驚人嗎？而非常湊巧的，就在我剛好有這個念頭的那一陣子，我就發現到，無名小站因為希望能夠提供用戶免費的音樂，正在四處徵求願意無償貢獻音樂創作的人，這對我來說簡直是天上掉下來的禮物，於是我想也不想，立刻寫信過去表達願意合作的意願。不過，他們審核和處理畢竟要一段時間，因此當我把音樂寄給無名小站後，我也只能靜靜等待，就沒有再繼續關心這件事了。

網際網路讓我的音樂知名度瞬間爆紅

當時，一般人註冊無名小站，都是拿來寫寫文章、貼貼照片、跟同學或朋友留言聊天。除非是特別有名氣的藝人或明星，否則每天瀏覽的人次頂多也只有幾十人。而我的無名小站更慘，因為只是貼幾首我的個人創作，而且我根本沒有告訴其他人，所以每天都是小貓兩三隻，一天進我網站的網友連10人都不到！

有一天，我正獨自一人開車環島旅行到了台中，晚上的時候，我跑到一家網咖去上上網，看看信。當我打開了自己的無名小站網頁，映入眼簾的畫面讓我一陣錯愕：「我是不是走錯網站了？」於是我又檢查了一下我輸入的網址，沒錯啊，是我的無名啊？可是眼前看到的，實在不可能是我的無名會有的景象：瘋狂湧進的留言、回應、討論，就像是一個明星藝人才有可能會有的人氣，往視窗右下角瞄一眼，更讓我嚇了一大跳，當日人

次快到4000人，這一切究竟是怎麼一回事？

　　當時我完全摸不著頭緒，為什麼我在一天之內，從一個Nobody，變成網路上大家熱烈討論的音樂創作人？只能說網路的威力真是太可怕了！

　　後來，我就持續經營我的無名小站，並且運用它來發展我的音樂創作事業，這幾年，我不但在這個網站裡面免費分享我的音樂創作、與粉絲直接回應互動、認識到許多新朋友，更因此接到許多的演出機會、甚至還自己發行自己的音樂創作CD，賣到台灣、大陸、馬來西亞、以及國外各地，為我的人生增添許多鮮豔的色彩，我只能說，網際網路真是太好玩，這時一切才終於真相大白了！原來，就在那一天，無名小站把我之前投稿過去的音樂，正式的在他們的平台上播出，於是一天之內，來自全國各地的無名使用者，都能接觸到我的音樂，就是這麼簡單，沒能早一點認識它，實在是太可惜了。

第二次運用網際網路──打造免費教育平台

　　第一次親自參與使用網際網路，見證到新工具為我帶來的驚人效益後，我知道我不能夠自滿於現況，而是要繼續不斷的利用這項威力無窮的工具，幫助我繼續在各領域大幅度的超越其他人。於是很快的，我又立刻思考，如何再一次將這個新工具運用到我其他的地方。很幸運的，過了一陣子，又讓我想到可以發揮的地方。這次，我決定將網路，運用到我的教學上面。

　　我從念高中就開始做家教，到現在已經有15年了，豐富的教學經驗，雖然可以為我帶來不錯的收益，但是家教再怎麼教，一次也只能教1個

人，這樣我要怎麼能夠為更多的人帶來教學的服務呢？這樣的疑問，曾經在我腦海中閃過無數次，但每一次都只是匆匆一瞥，就沒有再去多想。不過，休學那一年給我的學習，卻給了我不一樣的靈感，我很快的想到，在電腦多媒體和網際網路那麼發達的今天，我為何不利用這項新工具，來推廣我的教學，幫助更多需要學習的人。

　　我的構想是，透過網際網路建立一個網站，蒐集所有國高中學科的教學影片和設置討論發問區，並且效法Google、維基百科的精神，完全免費讓網友使用，這樣未來全國的學生都可以透過這個網站免費學習課業，不但讓教育資源能夠充分被運用，更能夠幫助無數沒錢補習的人，這真是一個想到就令人感到興奮不已的點子。於是很快的，我就找了志同道合的人，先後創辦了台大FunLearn（現在已停止）、FunLearn網站（www.FunLearn.tw），將我對教學的熱忱和影響力快速的推廣給更多人知道，讓我在這場教育的市場中快速脫穎而出。我開始的那一年，是2007年，也就是我第二次運用網路這項新工具。

不可思議的迴響

　　2007年，我跟當時主要努力的夥伴洪文璞、賴浩詮，一起投入許多的心力和時間，為我們這個美好的新概念而努力。大家憑著一股全然的熱忱，多次不眠不休的努力規劃課程、架網站、搭建攝影棚、買材料，就是想要參與這個有趣的計畫，並見證網路這項威力運用在教育上面的結果。大家一起努力了好幾個月，直到一通神奇的電話，像原子彈般引爆了我們

這整個教學計畫。

那是一位聯合報的記者，由於當她在網路上瀏覽文章時，剛好看到我在教育部網站留言，介紹我的網路教學計畫構想，覺得十分的有意義，就主動聯繫我，並希望能夠採訪我們。原本我也並沒有去多想這次採訪會對我的影響，結果沒有想到後續的發展居然如滾雪球般越滾越大。

當我們的教學網站在報紙上被刊出的那一天，網站立刻湧進了數十萬的人潮，各家新聞媒體、電視台，更是湧進了我家進行採訪，我媽一聽說有很多記者要來家裡，嚇得馬上上樓去，然後……換上了一身美麗的衣服，畫好了妝，接著跑過來叮嚀我千萬不要說她在家，然後就把自己鎖進房間躲起來（這哪招……）。

從那一天之後，FunLearn網站就一路成長至今，直到現在，就連維基百科也有我們網站的條目，我更因為創辦這個網站，這幾年來獲得許多以前從來沒不可能發生的體驗，例如許多媒體雜誌的採訪、節目錄影的邀約、各校的演講邀請、認識一些傑出的名人、甚至自己出書成為作家，這些人生充滿新奇的經歷，全部都要感謝這個時代有網際網路，並且我也認識了幾個願意一起來嘗試新概念的朋友，才讓當年那個沒財力、沒背景、沒人脈的我，可以一步步走到今天的景況。

想在網路得到回報，就先慷慨付出

在網路世界的通則就是，你要收穫，就先付出，若是你的付出越能幫助到別人，若是你越能夠透過網路讓世界更美好，往往你就會獲得有形或

　　無形的回報，而且是更多倍的回報。如果我當初不懂得掌握網際網路這項遊戲規則，如果我不懂得先付出的道理，我今天不會有這麼多年豐富充實且美好的經歷，更讓我在音樂和教學世界上，為自己找到獨一無二的定位。而那些一直不願意先貢獻自己的價值給世界，一直不知道利用網路或其他威力強大的工具為自己加分的人，就始終錯過了一個可以為自己增添獨特價值的機會，實在是很可惜。

　　不過話說回來，雖然我在這裡分享自己使用網際網路的故事，但這並不代表網際網路是這個世界現在或未來唯一具有影響力的工具，也不代表每一個人都一定要透過網路來成功。我想要表達的重點是，這個世界已經變動得太快了，在封閉的傳統教育之外，隨時都會有新奇和強大的新發明和新事物，有一些可能可以幫助我們更快速的成功、更廣泛的發揮我們的才華和影響力。因此，就教育的立場，我認為我們一定要讓孩子能擁有一個開放的環境，隨時接觸這個世界的新事物，才不會因為不知道、不了解，而錯過了原本可以讓孩子更成功的機會。

網路經典成功傳奇──不可思議的網路魅力

前面介紹了這麼多關於網際網路的故事，還有包括我自己的經歷，不知道大家有沒有一種「這真是太神奇了！」的感覺？確實，地球上每一種新發明的誕生，都能夠實現我們無窮的想像力，更創造出全新的成功模式。不過，跟我們即將要介紹的這幾個網路經典傳奇故事相比，剛剛那些案例就完全遜掉嘍！現在我們就來趕快認識一下，這幾個全世界最為人津津樂道的網路成功故事吧。

Youtube，一場不可思議的500億致富故事

在網際網路興起的這近20年，有無數的人都因為利用網路提供了新的服務，並利用新的方法和創意，解決人類生活上的大小問題，進而獲得了豐厚的回報，這些回報不只包含物質上的財富，更包括心靈上的滿足和成就感。2005年時，當時包括數位照相、數位攝影等的應用和產品，正在市場上競爭得如火如荼。不需要購買底片就可以大量拍攝的數位相機，無情的擊敗了擁有超過100年歷史的傳統照相龍頭柯達公司，直接可以傳輸到電腦直接觀賞的

數位攝影機，也促使全球拍攝影片的人越來越多，自製影片的數量，在那幾年開始在全世界快速暴增。

許多人拍了那麼多的照片、影片，會想要做什麼？一般人當然是想要分享給別人看！但是當時雖然已經有很多網站可以提供免費上傳照片的服務，而且也可以輕鬆的在網路上把照片展示給其他人看（例如加拿大的Flicker、台灣的無名小站）。但是對於影片的話可沒那麼方便，由於當時並沒有一個網站可以把影片像照片一樣，免費又輕鬆的上傳並秀給其他人看，所以大家拍的影片充其量不過是存在電腦裡面，等到與其他人見面的時候，再透過電腦播放給別人觀賞。

一般人如果遇到生活中的需求得不到滿足，通常就是覺得：「噢，那就算了！」也不會有什麼積極的想法，但是對於具備創業家心態的人來說，市場上無法被滿足的需求，正是他們大展身手的時機。所以漸漸的有一些人，開始敏銳的嗅到影片分享這件事，背後藏有龐大事業的可能性。

當時由台灣移民美國的陳士駿（Steve Chen，還是我靜心小學的學長呢！）、查德‧賀利（Chad Hurley）、喬威德‧卡林姆（Jawed Karim）三個人就想到，如果能夠做一個網站，讓大家都可以自由自在的上傳自己的影片分享給親友，這一定很棒！好在這幾個人，自己就有撰寫電腦網站的知識，據說他們當初只花了不到幾個小時的時間，就把網站基本的架構製作完成，之後再不斷測試和修正，並伺機將網站上線。

2005年2月，Youtube在美國加州正式誕生，網站的口號是「秀出你自己」（Broadcast Yourself），充滿個性的揭露了Youtube的精神。2005

年4月，當第一部影片Meatthezoo（我在動物園）被上傳之後，很快的，Youtube網站可以免費上傳影片的服務，就透過網際網路蔓延傳了開來。到了隔年2006年的夏天，Youtube更是飛速成長，光是每天的瀏覽人次，就高達600多萬多。這樣一個靠著簡單的美好信念，和專業的技術力，再加上在非常幸運的時間點出現，Youtube在短短的一年左右，居然就穩坐影音分享網站第一名的寶座，遠勝過當時排名第三名的GoogleVideo。

　　當時已經是網路公司傳奇的Google，眼見在影音分享這塊服務，始終是贏不過這個厲害的後起之秀Youtube，就盤算乾脆將它直接買過來，於是在2006年10月9日，Google就正式宣布以16.5億美元，折合超過新台幣500億元的天價，收購了Youtube網站！這個僅由三個平均年齡不到30歲的年輕人所創立的網站，從創辦之初到賣出之日，總共只經歷了短短的18個月，投資報酬率之高，堪稱平民創業的傳奇故事！這也告訴我們一個創業重要的觀念：「若你能提供無數人需要的服務，你就可能得到數不盡的報酬。」

　　這個故事，和許多網路創業成功的故事，都讓我們不禁想問，為什麼像Youtube這樣驚奇的成功故事，可以發生在台灣出生的陳士駿身上，但卻很難發生在接受傳統教育的台灣學生身上。除了Youtube外，另外一個舉世皆知的網路傳奇Yahoo，創辦人楊致遠，也同樣是從台灣移民美國的創業家，看來台灣人還真的是充滿了創業的天分，但為何在台灣的傳統教育之下，卻感受不到我們在積極孕育這些優秀的創業心靈，而只是學科成績掛帥的要他們遵守單調而過時的教育體制？陳士駿曾表示：「在美國矽

谷，就連高中生都想創業，不明白為何台灣充滿高學歷人才，卻很少人想自行創業？」陳士駿的這個疑問，也就是本書一直在探討的議題。

我自己以前在台大念研究所時，同學間盡是聰明又用功的人，但是大家每天關心的話題，不外乎是什麼時候考試？研究做得如何？畢業後要去哪裡工作？鮮少有人會去談論要如何創業？要如何用有創意的點子來帶給世界更好的價值？人的夢想是什麼？之類的議題。我想，或許真的是我那休學一年帶給我的勇氣和想法，能夠讓我願意走向不一樣的路，我也希望，每個人都能夠走向真正屬於自己的路，這才是教育的目的不是嗎？

Google，每天處理超過十億則搜尋的網路盟主

首頁永遠是潔白的頁面，更沒有擾人的廣告，這樣一個由兩位史丹佛大學學生所創立的搜尋引擎，居然打造出全世界網路流量第一名，並在美國時間2012年10月1日正式超越微軟，成為全球第二大個科技公司（僅次於蘋果）。

網際網路興起之初，隨著網路上面的資料量越來越大，大家開始發現在無窮無盡的網路資料中，能夠搜索到自己所需資料的重要性，於是有許多的網站就開始提供這樣搜尋引擎的服務，來自史丹佛大學的兩位學生布林（Sergey Mikhay lovich Brin）和佩吉（Lawrence Edward「Larry」Page）在1998年所創辦的Google，就是其中的最頂尖的。

通常在網際網路能夠大成功，都必須要擁有慷慨無私的精神，和為這個世界帶來好價值的信念，而Google的創辦人則剛好都有這樣的特質。

不像許多其他網站可能極力拉攏廣告商以爭取短暫的收入，Google除了永遠堅持搜尋引擎頁面的乾淨清爽外，更絕對不會出賣自己的搜尋結果，永遠想要給全世界的用戶一個免費又客觀的搜尋結果。就是這樣子的堅持之下，讓Google搜尋引擎在全世界的市佔率節節攀升，直到今日，更是高達66.2%，穩居第一名的寶座（大家想想看平常搜尋資料都用什麼就知道了）。可別以為Google只能拿來搜尋資料，試著在使用Google搜尋引擎時，在欄位內輸入「1+2+3+4+5+6+7+8+9+10」或者「log（1,000）」、「32開5次方」等運算式，你會發現Google的搜尋引擎還可以當計算機使用，幫你算出數學的正確答案！

在Google的規模越來越大之後，他們開始將業務蔓延到了許多相關的領域，他們開發了Google地球、街景服務，提供以3D視角和真實相片來觀察地圖的方式；他們收購成立僅22個月的Android企業，作為與蘋果電腦爭霸的智慧型手機作業系統；他們推出Google翻譯，實現63種不同語言的線上翻譯服務；他們推出Google+的社群網站，創下了三週內就達到2000萬用戶的紀錄；甚至他們用超過500億的天價買下了Youtube網站，打造更好影音平台的決定，更是所有關心科技產業的人們至今仍然津津樂道的話題，而他們所推出的這麼多服務，幾乎都是以免費的方式來提供給大家，這麼無私奉獻的精神，無怪乎這麼多年以來，Google的品牌形象始終居高不下。

不為惡（Don't be evil），是Google舉世聞名的非正式口號，如今，我們不但不會看到他們在商場上展現出惡劣的商業手段，更是可以看到他

們積極的運用他們的資源和聰明才智，努力的想要改善世界的問題。包括成立了慈善機構，改善全球衛生、貧困等問題，並投入非常多的獎金在公益活動、科學競賽，鼓勵更多人貢獻他們的心智。他們還成立了Google ideas，研究恐怖主義、反激進主機、增進民權等等問題，所有他們想得到可以讓世界變得更好的議題，幾乎都會投注資源去了解和努力。除了用心在改善世界的問題之外，他們更是重視環保和創意，例如在美國的Google總部，每當他們要除草時，就會請來兩百隻左右的「山羊」，在他們的草坪上住上好一陣子，既可以減少割草機的噪音和污染，還可以順便施肥，這真的是一間非常可愛的公司。

　　除了對外展現出他們給予世界的美好價值之外，對內Google更以善待員工出名，撇除優厚的薪水和自由的公司文化不說，位於Google公司的餐廳，可謂是一個美食天堂，根據資料顯示，捲心豬里脊肉、鵝肝醬蛋卷、挪威煙燻鮭魚、新鮮生蠔、醃干貝、泰國牛肉湯、日本米飯、點心、水果、飲料，數十種世界名菜、七大洲的特色食物，所有讓人垂涎三尺的食物，全部免費隨你吃。吃完了飯之後，還有最高級的健身房、專業按摩師、游泳池、遊樂場、平台鋼琴，福利更是樣樣都不缺，舉凡理髮、醫療、托兒、洗衣通通都有，而且同樣一律免費！或許有人會心裡在嘀咕，福利這麼好的公司，該不會操到爆吧？事實剛好相反，Google不但沒有壓榨員工的作法，反而實施了「舉世聞名的20％自由時間」，也就是讓工程師可以自由運動工作時間的20％，來做自己想做的新想法，如果想法很有價值，公司甚至還會支持你去完成它，你說，這麼好的公司哪裡有呢？怪

不得Google公司2011年在瑞典的研究機構Universum中，能夠連續三年蟬聯最佳雇主的寶座。

直至今日，當初這個由兩個有理想的年輕人所創辦的Google，如今已經成為市值2500億美元的巨型公司，它所象徵的意義，不只是努力奮鬥而得到回報，更象徵著身為人，必須要擁有對於這個世界的熱情和理想，並用聰明的頭腦和源源不絕的創意，帶給世界美好的價值，而不是對世界不斷的掠奪，或只是為了錢而工作，但願在未來的世界，能夠有更多這樣的新人出現，我們的世界才能夠越來越美好，而不是漸漸走向毀壞。

Wikipedia，打敗大英百科全書的維基百科

《大英百科全書》，曾經是全世界最知名、最具權威的百科全書。一套售價1500美元、共32冊的書籍，由於要價不菲、裝訂精美，這套書除了實用的價值之外，更曾經是一種知識學問和身分地位的象徵。雖然說實話，全世界也沒有幾個人真正看完過它，不過一套沉甸甸的書籍放在房子內，還真的感覺氣質就是整個不一樣！

但是，面對網路這項新科技的蓬勃發展，這套擁有224年漫長歷史的《大英百科全書》，卻面臨到了前所未有的經營危機。網路極速的發展和人們對於使用電腦閱讀越來越熟悉的影響下，現在已經越來越少人，願意利用笨重又無法快速查閱的紙本百科全書來取得知識，尤其是對於那些出生在網際網路時代的年輕人來說。

面對網際網路的強勢發展，《大英百科全書》也終於被迫不得不忍痛

轉型。2012年3月15日，《大英百科全書》終於正式宣布，不再繼續印刷紙本的百科全書，未來的經營將全面走入數位化的網路經營。

　　不過，即使忍痛放棄傳統的紙本經營，將銷售的戰場轉移到了網路上，卻也無法恢復往日的光景，因為比起仍舊要付費才能閱讀的《大英百科全書》，大部分的網路使用者還是寧願使用Google、Yahoo等免費又方便的搜尋引擎，來找尋自己想要的資料。當然，使用搜尋引擎所得到的資料，畢竟較為雜亂而零碎，所以單就這點來看，《大英百科全書》或許仍舊有存在的價值，還可以保有一絲絲喘息的空間。

　　但是，歷史一再證明，新工具的影響，有時候造成的，是顛覆性的改革，可能會以難以想像的速度和廣度，去全面鯨吞蠶食舊世界的事物，《大英百科全書》就是的興衰就是一個很好的例子，因為除了受到Google、Yahoo等網站的全面夾殺外，更因為網路的快速演化，使它終究遭受到前所未有的毀滅性攻擊……

維基百科（Wikipedia）的出現

　　2001年，一位看似毫不起眼的美國人——吉米・威爾斯（Jimmy Wales），創辦了一個名為《維基百科（Wikipedia）》的網站，這不是一個蒐集了一大堆知識的網站，也不是含有豐富內容的地方，原本就只是一個十分空洞而貧乏的網址罷了。

　　但《維基百科》有個很大的特色，它允許全世界的網友，能夠自由在這個網站上建立、編輯、修改百科全書條文，人人都能是知識提供者，人

人也都是知識監督者。吉米‧威爾斯的夢想是,如果地球上的人都能貢獻
自己專精知識,將它寫在這個網站上,那就可以收集到數不清的知識文
章,如果建立起妥善的規則,適當的分類,就可以形成一個龐大的線上百
科全書,讓全世界的人能夠隨時存取地球上其他人的智慧,這真是一個驚
奇而美好的夢想!

　　這樣的構想,起初當然也有很多人質疑是否能成功,「真的會有那麼
多的人無聊到願意無償的參與這個免費百科全數的編輯嗎?」這樣的疑
問,相信是吉米‧威爾斯當初曾遇過千遍百遍的質疑聲音。

　　《維基百科》起初確實也經歷了一段時間的嘗試和摸索,但是沒有想
到,數年之後,吉米‧威爾斯當初這個美好的夢想還真的獲得巨大成功,
全世界的人不但十分喜歡這個點子,更有數不清的人自願參與編輯《維基
百科》,而且這些人不但來自世界各國,更來自各行各業、各個領域。於
是,維基百科上的條目,真的奇蹟似的就這樣暴增了起來,不但內容是五
花八門,不同語言的版本也一個一個的成立。形成一個全世界人類一起共
同合作,無償奉獻的美好景象。

　　直到今日,《維基百科》這個網站已經擁有超過2200萬篇條目和285
種不同版本的語言,幾乎涵蓋了地球上所有的語言,甚至光在2006年,在
內容上就已經是《大英百科全書》的七倍之多,非常的可怕。現在經常使
用電腦的人,只要是搜尋專業的知識,都非常容易搜尋到《維基百科》提
供的內容,學生在學校做報告、上班族找尋完整的資訊,也幾乎都脫離不
了《維基百科》。有了這個免費的百科全書之後,《大英百科全書》的盛

世，終究是走向末日黃昏了。

2005年，科學雜誌《Nature》為了驗證維基百科這種集合眾人智慧的方式，所編輯出來的百科全書，與傳統大英百科全書相比較，究竟是否會在正確度上有明顯的落差，於是他們針對41篇科學內容進行比較，最後的結果就連《大英百科全書》自己也驚訝不已，原來他們發現在正確率上面，《大英百科全書》僅僅稍微高於《維基百科》。正確率上不相上下，在數量上更是壓倒性的勝利，而且還完全不收費！至此，《維基百科》與《大英百科全書》多年的競爭，勝負已定。

任誰也很難想到，對於動員了100名全職編輯並且超過4000位專家編寫，花費龐大人力物力所編輯製作的《大英百科全書》，就因為一位美國人吉米・威爾斯（後來還有幾位全職工作人員），幾乎撼動了超過百年的基業，網際網路讓人不容小覷的威力，再一次得到了驗證。《維基百科》目前的流量，高居全世界第6名，創辦人吉米・威爾斯也在2006年被時代週刊評選為100個最具影響力人物之一。

拜網際網路之賜，這個世界多了許多好玩的事物：社群網站、網路購物、線上遊戲、影音節目等，再再的豐富了我們的世界。不過，雖然在網路這個虛擬的國度裡有著越來越多的資訊，但也不是每個人都感到這麼樂觀。對於那些只會沉溺於玩樂的人來說，網際網路反而如同戒不掉的毒品一般，讓人越來越沉淪，但是相反的，對於那些能夠妥善運用網路的人，這個時代真的是一個最好的時代，因為他們可以遨遊在這個無邊無際的世界，取得無數幫助自己成功的資源，而現在，我就要跟大家介紹這幾年在網路上吹起的一股美好的旋風──免費教育時代的來臨。

大學開放式課程

我們一起來做個有趣的想像：想一想，每一天在這個地球上，有多少間的學校，每一間學校又有多少位老師，在同時上著五花八門的豐富課程？我們再來想一想，當每一天站在世界各個角落的老師們，在台上講完後，他們所傳授的精采課程，就從此消失在時空當中，這不是一件很可惜的事嗎？最後再想一想，既然科技已經如此的進步，如果我們能夠把所有老師

免費教育時代的到來──

有史以來資源最多的時代

所上的課，都錄製保存起來，並且透過網際網路，將這些影片全部都自由
分享給所有人，那麼，地球上的所有人，都可以無限次的存取這麼龐大的
知識資料庫，這是多麼棒的一件事啊！沒錯，這樣的事情早就在發生，而
且目前最有系統和規模在推動這樣計畫的，就是世界許多國家都已經一同
參與的大學開放式課程。

　　大學開放式課程，最早是從1999年起，由麻省理工學院（Massachusetts
Instituteof Technology）開始陸續耗資兩千萬美金，將校內許多珍貴又精彩的
課程免費分享出去，這些課程內容包括教學大綱、課程講義、習題解答、影音
播放等等，至今已經累積超過2000門課程，內容更涵蓋數學、經濟、藝術、社
會學等非常多領域。

　　不過大家一定覺得很奇怪，他們幹嘛做這種虧本的事情呢？事實上，如
果只看到他們免費開放教材，確實會覺得很虧，但若是把眼界從免費課程擴散
到它能帶來的影響，就會看到無窮無盡的周邊效應。例如，麻省理工學院因為
這樣的舉動，能夠受到更多注目，有助於換來更多的優秀學生和更好的學術聲
望，和更多的論文研究被注意的機會，再考慮進這樣的作為能對世界和人群帶
來多少美好價值，兩千萬美金的投資絕對不虧！

　　而從1999年直到2012年的今天，當年由麻省理工學院所開啟的開放
式課程，如今已經促成全世界的大學形成一股將校內課程免費開放，並建
立更完善線上學習的潮流，目前估計總共約超過25個國家，和250個非營
利組織一同加入這個改變全球教育的計畫，其中更不乏一流的知名大學，
參考下表：

全球大學開放課程網址

名稱	網址
耶魯大學（Yale University）	oyc.yale.edu
麻省理工學院（Massachusetts Instituteof Technology）	ocw.mit.edu
史丹佛大學（Stanford University）	see.stanford.edu
加州大學柏克萊分校（Universityof California, Berkeley）	webcast.berkeley.edu
卡內基美隆大學（Carnegie Mellon University）	oli.web.cmu.edu/openlearning
牛津大學（Oxford University）	www.maths.ox.ac.uk/opencourseware
東京大學（とうきょうだいがく）	ocw.u-tokyo.ac.jp
猶他州立大學（UtahState University）	ocw.usu.edu
南昆士蘭大學（University of Southern Queensland）	ocw.usq.edu.au
塔夫斯大學（Tufts University）	ocw.tufts.edu

史丹佛大學支持的私人開放課程Coursera公司

除了上述由學校單位所主持的開放課程，也有由私人所推動的開放課程。例如丹福大學教授柯勒（Daphne Koller）和吳恩達（Andrew Ng），希望讓教育成為全世界各地人們的基本權利，而不只是少數人

的特權而已。因此他們在2012年創辦了Coursera.org網站，開設免費的線上課程，讓來自各地的人只要上網就可以學習。這個簡單而美好的夢想，光是創辦之初就擁有1600萬美元的資金，並且至今已獲得包括史丹佛大學（Stanford University）、加州理工學院（California Instituteof Technology）、香港科技大學（The Hong Kong University of Scienceand Technology）等全世界一流大學共34所加入這個網站，一同提供免費優質的大學課程供人們免費學習。從開站之初，這個網站已經吸引了來自190個國家的學生、超過70萬人註冊使用。

　　Coursera的特色除了美好的免費之外，課程完成後還會發給結業證書，這樣的證書可以讓全世界的學員真的拿去做為應徵工作時所需的履歷，增加人們在職場上的競爭力。

◆ Coursera網站：www.coursera.org

哈佛／麻省／柏克萊聯合推出的edX

　　成為哈佛大學、麻省理工學院、柏克萊大學的學生要多少時間？答案是：「小於3分鐘」。

　　是的，你沒有聽錯，在2012年，世界最頂尖的兩大名校哈佛大學和麻省理工學院，各自投入3000萬美元，聯合推出免費的線上課程，現在就連柏克萊等大學也陸續加入了，只要你上網花三分鐘註冊，馬上就成為這三間學校的學生！不過，成為學生只是代表你可以跟他們學習，如果要拿到文憑還是要親自入學才行（要不然學校賺什麼呢？），但是光是這樣的服

務，已經是從前想都不敢想的美夢。

　　edX的特色是擁有多元化功能，除了影片瀏覽外，還有線上的合作性實驗室、嵌入式測驗系統、即時回饋、依據學生程度的問答系統、線上討論平台等等。雖然開放式課程因為採取自主免費的學習方式，普遍沒有正式的文憑，不過在edX

　　上完課程後，只要支付適當的費用，還可以獲得與署名這幾間一流大學的結業證書，不錯吧！

◆ edX網站：www.edx.org

一個人做出連比爾蓋茲都盛讚的「罕學院」

　　搜尋引擎龍頭Google公司，曾經於2008年，推出一個「10的100次方」計畫，這個計畫提供總共1000萬美金（新台幣三億一千萬元）的天價鉅額獎金，要贊助5名被精挑細選出的得獎者，做為他們發揮創意改變世界的計畫經費。其中一位得主，就是創辦罕學院（The Khan Academy）的薩曼罕。

　　薩曼罕究竟做了什麼事？可以獲得Google公司提供他單單一個人200萬美金的贊助（新台幣六千兩百萬元）。原來，麻省理工學院畢業的薩曼罕，因為要教就讀七年級堂妹數學的契機，從2006年開始，就陸續錄製上傳一系列的教學影片到Youtube供大家免費觀賞。他的課程越錄越多，範圍非常廣泛，涵蓋數學、物理、生物、歷史、金融等各科，至今已經有超過3500支影片。

　　薩曼罕原本是一名在金融界工作的職員，自從開辦了罕學院之後，錄製教學影片越錄越起勁，2009年時乾脆辭掉工作，專心經營他免費教學的美好夢想。他甚至將這樣免費教學的理念，延伸到缺乏網路的地區，將課程製作成光碟，免費寄送到亞洲、非洲等國家的貧困地區，讓學生既使沒有網路也可以學習他的課程。

　　這個僅靠一個人的力量，居然讓這麼多人受惠，就連曾經的世界首富比爾蓋茲也注意到他。比爾蓋茲在接受CNN採訪時說，自己的孩子自從接觸了罕學院後，透過短短的影片就融會貫通了許多知識，也愛上了學習，甚至有點嫉妒他呢！

　　人家問他說為什麼要這樣做？他說：「我的時間沒有比這個更好的利用方式，只要有一台電腦，加上一塊手寫版，我就可以對全世界教學。」

　　唉，說得真好！

◆ 罕學院網站：www.khanacademy.org

開放式網路課程的優勢

　　很多人認為，面對冰冷冷電腦的線上學習，永遠無法取代實體的教學。確實，實體教室有它直接面對面的優點，但同樣的，線上教學也有實體教室無法取代的優勢，甚至這樣的優勢還在不斷增加當中，甚至到最後根本就超過實體教室的學習效果，舉例來說：

（一）免費：

　　這個好處很明顯了吧！

（二）公平：

我們都期待，教育不應該受限於你有多少錢？或你出生在哪裡？如果你真的進哈佛大學念書，一年要新台幣一百多萬的學費，現在透過網路，不管你的收入、不管你住哪裡（至少要有網路吧），都能看到開放課程，教育將公平許多！

（三）經過篩選，品質更好：

既然網路課程是要對外開放的，你覺得各大學會把校內風評不好的課程放上去砸自己的腳嗎？八成沒那麼傻吧，所以能在網路上看到的影音，已經屬於挑選過的課程，即使你還是不滿意，那彈指之間就可以換其他老師的影片，你會擁有更好的學習品質，如果你是在實體學校上課的學生，老師教不好你也只能認了，想換老師通常沒那麼容易！

（四）量身訂做的學習過程

過去的網路課程，或許有人批評只是看影片這樣單向的學習，沒有實體的互動，但是現在的網路課程，已經越來越進步，例如有的會有立即的隨堂測驗，必須要答對才能回答下一題，或聽下一堂課，逼得你不得不隨時專注在思考和學習，這些實體教室可無法做得到！

（五）大量學生的反應有助於反饋到教育者的教學方式

實體學校在教學的方式，學生所能給予老師的回饋，不論在數量或品質上都很有限，但一個設計精良的開放課程，能夠精準的紀錄學生的許多學習行為，了解學生共同的盲點，或喜歡不喜歡的學習部分，再透過全球開放的情況下，有助於提供大量的回饋給教學者，作為改進教材的依據。

（六）學生來自全球，有助於共同學習

實體教室的學習方式，學生通常生活步調一致，你半夜突然有了問題，不太容易找到人跟你討論、解惑，但是全球化的開放課程，當你半夜時，地球的另一端卻是白天，你隨時可以找到共同學習的夥伴。並且在實體教室中，能與你討論課業的主要也只是你上課的同學，人數有限，但在網路上浩瀚無涯的世界，與你一起上課的學生沒有上限，你可以請教討論的人數就更多。

台灣也有大學開放課程

台灣的大學開放課程也是不落人後，包括從2004年就起步，朱學恆主持的開放式課程計畫（http：//www.myoops.org/twocw/），翻譯麻省理工學院的課程。還有台灣從2007年就開始，品質精良的大學開放課程——國立交通大學開放式課程。在他們的首頁上，有一段話說得很好：

「開放教育是現代教育思潮的一股主流，國內外大學近幾年陸續開放教育資源，透過開放式課程（Open Course Ware, OCW）暨其應用之建置將知識分享於社會……開放式課程除代表對傳統教育的反思過程，亦具備著與其他教育理念及作法相輔相成的功能……作為教學、學習與研究之利用與再利用，充分反映出彈性、多樣、主動、適性的精神，**並希望不斷激發主動學習，以落實發展全人與終身教育。**」

交通大學的開放式課程，除了是台灣的大學開放課程先驅，也是品質極好的開放課程，我自己都曾經下載許多課程來珍藏，而自從交通大學開

放課程之後，其他的學校也陸續跟進，至今已經有包括國立交通大學、國立臺灣大學、國立清華大學等共28所大專校院加入，主要條列如下：

各大學開放式課程網址

名稱	網址
國立交通大學開放課程	ocw.nctu.edu.tw
國立台灣大學開放課程	ocw.aca.ntu.edu.tw/ntu-ocw
國立政治大學開放課程	ocw.nccu.edu.tw
國立清華大學開放課程	www.nthu.edu.tw/nthu-ocw.php
國立師範大學開放課程	ocw.lib.ntnu.edu.tw
國立中山大學開放課程	ocw.nsysu.edu.tw/bin/home.php
國立台灣科技大學開放課程	ocw.ntust.edu.tw
國立中央大學開放課程	sites.google.com/site/ncuocw
國立中興大學開放課程	140.120.2.227/nchu_oc/OCW/index.php
國立新竹教育大學開放課程	ocw.nhcue.edu.tw
南台科技大學開放課程	ocw.stut.edu.tw
長榮大學開放式課程網	ocw.cjcu.edu.tw
台北醫學大學開放課程	www.xms.tmu.edu.tw/home
私立輔仁大學開放課程	ocw.fju.edu.tw

現在就開始行動

　　前面提到了這麼多豐富的免費資源，大家既然都已經認識了，是不是應該馬上開始好好利用呢？不過大家應該也發現到，很多網路上的免費資源，都是以英語的方式來呈現，這也難怪，畢竟當初電腦科技的發展、和現今全世界創新知識的來源，主要還是都以英語系國家為主，所以這就告訴我們，學好英語還是很重要的一件事。

　　有些人可能會想，啥？又要再花錢學英語喔？哈哈！既然這邊都教了那麼多免費的學習資源，難道學英語就沒有免費的資源嗎？當然有！不過礙於篇幅，這裡就不一一的說明了。大家有興趣可以去找一本書「YouTube英語學習法（如何出版）」，它就會教你如何利用全球最大影音網站Youtube，一毛不花的學習英文，實在是太棒了！

　　所以，從前很多人認為沒有足夠的經濟基礎，小孩就無法接受好的教育，事實上這樣教育資源不足的問題，在網路時代已經不斷被抹平了。在今天，既使沒有充裕的經濟背景，一樣可以在網路上得到好的教育資源大學、當然除了我們介紹的網路資源，傳統的圖書館、各大書店，也都可以免費閱覽琳瑯滿目的書籍刊物，取得數不盡的知識。知識免費的時代真的已經存在，就等著那些最積極主動、最有行動力的人，來得到這些最好的資源，為自己開創更美好的未來！

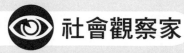 社會觀察家

　　在未來變化萬千的時代，語言是重要的溝通利器，只有與人溝通交流，才能激發更多火花與潛能，工作才能流暢進行，以下收集了各國語言免費學習語網站，提供讀者可自行上網學習：

英語學習網	
聽故事背單字	http://learnenglishkids.britishcouncil.org/en/
擁有各國口音的英語學習網	http://www.elllo.org/
讀出英語力	http://www.englishclub.com/index.htm
英語自傳履歷一把抓	http://www.resumetemplates.org/
日語學習網	
學會五十音，基礎文法	http://u-biq.org/
NHK生活日語	http://www.nhk.or.jp/lesson/chinese/index.html
跟日本學生一起讀報	http://www.yomiuri.co.jp/nie/note/top.html
日語書信寫作	http://www.teglet.co.jp/naoko/
韓語學習網	
大韓風	http://www.rthk.org.hk/elearning/gogokorea/index.htm
基礎韓文單字句子	http://visitkorea.or.kr/cht/CU/CU_CH_3_2_2_1.jsp

第 *4* 章

打造自己的 星光大道

有人說：「天才就是發現藏在自己身體內精靈的人」，如果這句話是真的，那麼這個世界上肯定有無數的人，還沒有發現自己身體內的精神，因為太多的人從小就被教導：

「你應該要考好分數」

「以後要努力考上好大學」

「你要找一個收入好又輕鬆的工作」

「你要好好的為你的老闆工作」

「你該結婚生小孩，教育他好好念書」

人生哲學──可以過自己想要的生活嗎？

打從我還是學生的時候，就對一直念書的人生感到厭煩和無奈。

那時，我一直在重複思考著一個問題：「人生究竟該何去何從，才能在人生走完的那一刹那，能夠感到沒有後悔、感到充滿意義、感到成就了一個令人滿意的人生？」

那時的我，有很多想法時常縈繞在我心裡，例如：

◆ 人生為什麼有這麼多無奈？

◆ 如果人生是不快樂的，那出生在這個世界上的意義是什麼？

◆ 如果人生有限，我們是否應該不顧別人的眼光，讓自己的人生感到有意義？

◆ 一個人是否可以過自己真心想要的人生？

◆ 當一個人完全開發自己身上所有潛能，究竟會變得如何的不可思議？

直到今日，當年那個青澀學生的我，已經變成一個橫跨流行音樂、學校老師、寫書演講的講師。

歷經這麼多年的困惑、摸索、學習、體會，如今，我已經充分的能夠給予這些疑問一個非常值得相信的答案，這也是我這幾年來不斷宣傳，並且完

全堅定相信的一個結論，沒有一個人應該被例外，就是：

每個人都應該走向自己的星光大道

我相信，在這個世界上，每一個人都應該要走向自己的星光大道，所謂「自己的星光大道」，就是一條充分適合自己的人生之路，也就是充分結合自己的天賦和熱忱，並且能符合時代所需的一條路，在這一條路上，不但自己快樂而滿足，充分的完成自我實現，而且能夠在經濟上完全獨立，不為五斗米折腰，甚至能夠發揮影響力，為這個世界帶來美好的價值。

每個人都有屬於「自己的星光大道」，這並不是說所有人都要成為萬眾矚目的巨星，而是都應該找到自己樂在其中的生活方式。這可能是個旅遊作家、花卉栽培達人、畜牧專家、舞蹈老師、魔術師、鋼琴家、好保母、室內設計師……只要是自己真心喜愛的生活方式都好，而不是必須將生命賣給其他人，只為了賺可以餬口的薪水。

當世界不斷的在蛻變當中，各行各業分工會越來越細，產業也會不斷的淘汰舊職業並且創造新的工作，因此這個世界正在需要越來越多從來沒有見過的人才，去執行從來沒有想過的問題。當這樣的世界在現在和未來不斷的衝擊著我們的時候，只會死守著傳統教育，只會模仿舊時代思維的人，將會在人生的旅途中越加發現未來的悲慘及黯淡。另一方面，卻同時有越來越多的人，掙脫制式單調的傳統教育，同時有越來越多的人，真的能找到自己獨一無二的天賦、和發自心靈深處的熱忱。而當這些越來越多

的人，用無比熱情的渴望，全力追求自己的人生時，這些年輕的新世代，將會承接起世界交替變化所需的才能，創造出數不清改變全世界的新事物，引導人們再次蛻變到下一個世紀。

有人說：「天才就是發現藏在自己身體內精靈的人」，如果這句話是真的，那麼這個世界上肯定有無數的人，還沒有發現自己身體內的精神，因為太多的人從小就被教導：

「你應該要考好分數」

「以後要努力考上好大學」

「你要找一個收入好又輕鬆的工作」

「你要好好的為你的老闆工作」

「你該結婚生小孩，教育他好好念書」

但是卻很少人從小就被教育這樣的觀念：

「你要發現自己的天賦，成為獨一無二的人」

「你要努力過一個你真正喜愛的人生」

「你要發揮影響力，帶給這個世界最多最好的價值。」

前者是不斷的給你一個框，希望你漸漸變成一個框的樣子，後者則是不斷的鼓勵你變成你自己的樣式，而不是跟別人一樣的框，前者只有一個類似的模版，後者則有無限的可能性。我認為，當一個人真正屬於他的生命被點燃時，你才能夠真正感到自己每天充滿快樂的活著，並且在世界上

發光發熱，才不會被外界喧鬧的雜音給左右，更不會羨慕其他人的生活，這才是一個人生合適的道路。而本章，就是希望能夠協助每個人解開這個謎團，找出一條屬於自己的路，並且真正走向自己的星光大道——燦爛而無悔的人生。

夢想方程式1──夢想三要素＝夢想的起點

在成長的歷程當中，已經數不清有多少次我不斷問自己：「究竟每一個人的人生要朝什麼方向前進，才能夠感到人生是豐盛而圓滿？又是什麼樣的原因，使得有些人的人生缺乏目標、渾渾噩噩，有些人的人生卻是充實而有意義？」這個問題，一直以來都放在我的心裡深處，並且慢慢靠自己去找原因，慢慢去思索這個問題背後的答案。直到現在，我終於十分清楚的了解這個問題的解答：原來，一個人的人生要能夠過得充實而快樂，一定要具備一個關鍵的因素，這個因素就是「找到自己的天賦和熱忱」，這，就是一切精采人生的起點。

天賦，就是你天生擅長什麼；熱忱，就是你天生喜歡什麼。前者是你與生俱來的才能，使你可以輕鬆贏過他人的某項領域，後者是你自然能感到喜歡的事物，使你可以每天都覺得生命十分美好。對於想要打造自己星光大道的追夢族來說，這兩者絕對是缺一不可。如果只有天賦，可是沒有熱忱，那你並不會喜歡它，把這件事情做好的意義就會降低。而如果只有熱忱，而沒有天賦，那也十分令人氣餒，因為將來在競爭的局面上，你會常常遭遇苦頭，留下不少辛酸和遺憾。所以最好的情況，還是

天賦和熱忱缺一不可。

常常在學校或家教時我會問學生：「你覺得自己的天賦和熱忱是什麼？」絕大多數的情況，每次我這樣問的時候，他們都會一臉茫然的搖搖頭。有時候我在外面演講的時候，會提到找到自己天賦和熱忱的重要，台下雖然很多人覺得十分認同，但是卻也很難過的告訴我，自己不知道自己的天賦是什麼，也不知道自己的熱忱是什麼，更不知道未來到底人生的方向是什麼？

這原本該是一件相當值得警惕的訊息！試問，若是一個人在成長的過程當中，居然不知道自己擅長什麼，也不知道自己喜歡什麼，那他怎麼會知道自己的未來要何去何從？他怎麼會知道自己要變成什麼樣的人？難道，他們真的甘心人生就這樣漫無目的的隨波逐流嗎？但是，在這個傳統教育氛圍當道的環境下，如此重要的一件事卻居然被嚴重的忽略，而且讓人見怪不怪，真是十分的詭異！

有太多的小孩，從小就被逼著把學校的功課顧好，數學不好補數學，英文不好補英文，根本沒有足夠的機會去探索自己的天賦和熱忱是什麼。在這種情況下，若是小孩的天賦和熱忱剛好就是學校的科目，那他就會很自然而然的成為家長和師長眼中所謂的「好學生」。但是一旦學校的科目並非自己的天賦和熱忱（大部分的人都是這樣）導致在課業上沒有好的表現，那這個學生就會被我們歸類為需要補救、加強、輔導的對象，而不是轉而去協助找出他自己獨一無二的才華。看來，該要補救和加強的並不是成績不好的學生，而是整個教育界的思維！

該如何探索天賦和熱忱

　　既然我認為天賦和熱忱，才是每個人人生應該前進的方向，那麼，我們到底該如何讓孩子去了解到自己的天賦和熱忱呢？這個問題的答案在《自我探索教育》那個單元就已經有過完整的介紹，簡單的說就是不斷的去嘗試、去摸索。例如透過參加各種活動、表演、訓練、營會，透過廣泛的閱讀、旅行、玩樂等，從這麼多的經驗，他們才能漸漸的從中去體會，自己究竟對什麼事物較為擅長，他們才能去仔細感受，什麼樣的事物吸引自己，讓自己充滿熱情？沒有人天生下來就會知道自己究竟是什麼樣的人，我們都必須要透過不斷與外界互動的經驗來了解自我，天賦和熱忱亦然。並且，這一切必須盡可能從小就開始，因為其實很多孩子的天賦和熱忱自幼就能明顯展現，如果不給他們機會去發展的話，很可能就會錯過了寶貴的開發時期。

天賦的展現

　　當一個人正在從事自己天賦擅長的事物時，會出現一些明顯的徵兆，只要能夠留心觀察，一定可以發現，例如以下幾種情況：

◆ 不用刻意學習就知道該怎麼做。例如一站上台就可以井井有條的把事情講出來，代表具備演說的天賦。

◆ 在某件事物上感到身旁的人都沒有自己做得好，自己也不知道為什麼。例如沒怎麼在上課或念書，就可以把數學考得很好，代表具備數學領域

的天賦。

◆ 可以對某件事物想出別人想不到的創意、答案、做法、解決方案。例如
  能夠構想出很有趣的故事、情節，讓人拍案叫絕，代表具有編劇方面的
  天賦。

　　許多已經在世界上發光發熱的名人，其實就是因為從小明顯展現了自
己的天賦，並且幸運的是他們的天賦被發掘並開發出來，然後按照正確的
方向一步步努力，最終才讓他們站在世界的舞台上發光發熱。而這些方法
的詳細過程，也就是本章所介紹的4條夢想方程式。

　　例如，周杰倫4歲讀幼稚園時，媽媽帶他到音樂班學鋼琴，周杰倫聽
老師彈奏後，就能靠自己重新彈出來，這就是明顯的一個天賦的展現，還
好這樣的天賦周媽媽也看見了，並且不計代價的為他開發出來，否則台灣
現在就少了一個能橫掃流行音樂界的才子了。

　　又例如，比爾蓋茲在讀中學時，就已經是個眾所皆知的電腦天才，他
光是靠自己自學，就掌握了比老師還要厲害的程式撰寫技術，後來更與電
腦公司合作，販售他寫的軟體程式。很明顯的，比爾蓋茲從小就展露電腦
和商業的頭腦，還好後來他也有全力朝這個領域進攻，甚至不惜從哈佛大
學輟學，終於用他的才華改變了全世界的電腦產業，並且還讓自己登上了
連續多年世界首富的寶座。

　　而我自己在學校教書的時候，也遇過一位男學生，在高一的時候就已
經會作詞、作曲，鋼琴吉他歌唱樣樣都難不倒他，像這樣也是很明顯的天
賦和熱忱的展現，顯然已經具備了夢想方程式第一條。所以看到他這麼有

潛力，我也主動去找他聊聊，看有沒有機會能夠幫助他開發出自己的能力，走向自己的星光大道。

熱忱的展現

聊完了天賦之後，現在讓我們看看如何挖掘一個人的熱忱，例如以下的徵兆發生時，通常就是個人熱忱的展現：

◆ 做某件事的時候，感覺到生命充實又美好，沒有人理你也不在乎。

◆ 做某件事的時候，感覺時間流逝得特別快，甚至好幾天一下子就過去了。

◆ 做某件事的時候，全身充滿熱血沸騰、興奮無比的感覺。

◆ 做某件事的時候，你完全捨不得睡覺，恨不得無時無刻跟它一同呼吸。

◆ 既使沒人付你錢，你也得不到任何好處，還是不由自主的投入在某件事上。

◆ 你會自動去蒐集、查閱與某件事相關的產品、報導、作品、記錄、歷史、知識樂此不疲，並且接觸到這些訊息就會感到莫名的興奮。

例如，以一首「I will always love you」而走紅全世界的台灣男歌手「小胖林育羣」，雖然沒有俊俏的外型，但是卻從小就有著對歌唱的高度熱忱。4、5歲時他就愛跟著電視上的節目一起又唱又跳，長大之後對於唱歌的熱情依然不減，既使父親反對他走向歌唱之路，他依然不放過走路、洗澡等任何空閒時間努力練習唱歌。就是因為像這樣抱持著對歌唱難以抹滅的熱忱，才不斷驅使著他勇往直前，既使遇到任何挫折也不放棄，最後

終於成功的讓全世界認同他的歌聲，也順利的走向自己的歌唱生涯。

　　除了上述的例子，包括我自己，也曾經不只一次深深的體會到找到自己的熱忱時，那種完全沉浸在自己世界的感覺。例如從前在玩音樂創作的時候，有時候靈感一來，早上天還沒亮就迫不及待的從床上彈起來，然後就一直沉浸在自己的音樂世界裡，連吃飯時間到了都覺得捨不得離開，甚至從早上玩到了晚上都不嫌累。就這樣一直持續到深夜，到最後還因為怕自己身體負荷不了，才不得不逼自己一定要躺在床上閉上眼睛。可是說也奇怪，隔天天還沒有亮，又一樣迫不及待又從床上彈起來，繼續沉浸在音樂創作的美好世界裡，像這種現象，很明顯的就是一個熱忱的表現。

夢想三要素：天賦、熱忱、市場

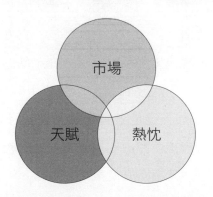

　　如果一個人真的找到了天賦和熱忱，固然是好事，但是也未必就能如願的沉浸在自己的世界裡，因為一般人除非有穩定的經濟來源，否則當他到了成年之後，就不得不去找份工作養活自己或家人，那一樣必須被迫放

棄自己真正想過的人生之路，所以最好還必須考量第三個因素，來決定是否真的要選擇自己人生的路，這個因素，就是市場。

　　所謂的市場，就是關於你的天賦和熱忱，在目前的世界上，周邊的相關產業是否健全而完整？未來可能發展到的商業規模有多少？你是否可能在這上面賺取到足夠的收入？如果缺了這一塊，那你就算將天賦和熱忱發展到淋漓盡致，你還是很可能因為無法在經濟上獨立，而被迫中斷你的天賦和熱忱。甚至最後因為要求生存，而被迫讓工作佔滿了你的生活作息，於是你的夢想就可能像抓不住的風箏一般越飄越高，越離越遠，縱使你想抓回來卻力不從心。最後在百般無奈下，手一鬆，眼掙掙的看著自己的夢想從此遠去，再也不會回來……你的內心於是悲憤地吶喊著：「不！！！」

　　在歷史上，許多能夠順利走向自己星光大道的人，都是因為同時找到了天賦、熱忱和市場，才讓他們可以用一生投入在自己熱愛的事物中，徹底揮灑自己的才能和天命。例如，曾經執導過大白鯊、第三類接觸、法櫃奇兵、侏羅紀公園的大導演史蒂芬史匹柏，在年幼的時候就展現出對影片拍攝的興趣（具有熱忱），他在12歲時，就會用8釐米的攝影機拍攝家庭影片（具有天賦），再加上全世界有無數人會願意買票進電影院看電影（具有市場），這就造就史蒂芬史匹柏有條件能夠走向自己的星光大道，甚至最終為自己累積了估計超過31億美元的身價。

　　史蒂芬史匹柏曾公開發表自己有失讀症，甚至因為閱讀障礙，小時候還受到同學的嘲笑，最後是透過拍電影才拯救了自己的人生。想想看，如果我們把史蒂芬史匹柏放在台灣用傳統教育，應該是會整天被迫參加補救

教學，跟國文、英文、數學等科目奮戰，運氣好的話應該是可以在老師和家長的同心協力下，辛辛苦苦的把分數拉到及格邊緣，但我想他此生應該是沒機會變成享譽全球的大導演了吧！

缺乏夢想三要素的人生

當一個人同時找到具備夢想三要素的領域，固然是值得全力朝這個方向努力，但是當我們換另外一個角度來看，如果夢想三要素少了一個，那麼成功之路都將會受到嚴重的阻礙，甚至最後可能走進一條死胡同中，永遠也無法到達柳暗花明的一天。

例如電腦世界的霸主比爾‧蓋茲，對電腦軟體的開發有著極高的天賦和熱忱，但如果他晚個20年出生，作業系統的市場可能已經完全飽和，他就不可能打造出靠販賣作業系統而富可敵國的微軟公司，而必須另外尋找可以展現他天賦和熱忱的資訊市場。

又例如如果一個人很喜歡唱歌，簡直就是發瘋似的愛上唱歌，但是無奈他歌唱的天賦就是嚴重不足，音高也唱不準，音域也不夠廣，音質也難聽，讓人一聽就想摀住耳朵，就算當上了成功的歌星可以名利雙收，但也很難輪到他來成功，充其量只能像多啦A夢裡的胖虎，強迫他可憐的朋友當他的聽眾，但最好別想要能夠靠這個才藝走向自己的星光大道。

看了我的分析之後，不難發現夢想三要素當中，光是少了一個要素，都會大大影響一個人的未來。但是現在，讓我們用同樣的標準，回頭來看在傳統教育下的年輕人，簡直就會令人為他人捏一把冷汗。台灣每年十多

萬人出生、成長，然後送進學校裡面，絕大多數人都將被傳統教育趕上念大學的路，所以他們都必須要學習國文、英文、數學、自然、社會這幾個科目，並且未來多半的學生還未必會對大學的科系感到滿意。

我們就拿傳統教育重視的國、英、數、社、自來說，請問，有多少人是真正對這些科目具備高度的天賦和熱忱？現在又有多少好的工作來迎接這些努力在傳統教育耕耘的年輕人？這些問題的答案看起來都十分不樂觀，這也就是說，很多的孩子被我們強迫接受十多年的傳統教育，其實都是在走一條缺乏天賦、沒有熱忱、更沒有充沛就業市場的人生之路，他們的未來，他們的人生，很可能最終會是一場悲劇！

夢想方程式 2──瘋狂的努力＝必經的歷程

假使當你順利找到了自己的夢想三要素之後，其實就等同於已經掌握了比別人更具優勢的起跑點了，因為你不但會在你的領域中，學得比別人快、跑得比別人快，更重要的是，你每天都會因為你在做的事情而充滿快樂，這是最珍貴的一件事，於是現在的你，就應該全力做一件事──瘋狂往前衝！瘋狂往前衝是什麼意思？或許很多人完全沒有進入狀況，所以讓我來清楚的說明一下，所謂的瘋狂往前衝，就是毫無保留的付出自己的時間和精神、就是心無旁騖的專注在自己的事情上、就是每一分每一秒都願意完完全全的付出，完完全全的投入在自己的事情上，能夠做到這種等級，才有資格叫做瘋狂往前衝。

你努力的程度，必須超越一般人可以忍受的程度，總是有那麼稀少的人，可以承受得了常人無法承受的辛苦，而這點卻恰恰就是頂尖人物與平庸大眾最不同的特質之一。如果你想將你的潛能完全爆發出來，在你熱愛的領域中橫掃群倫，你就一定要盡一切的力量將自己訓練到最頂尖，因為只有最頂尖，和一般等級的，得到的回報是天差地壤之別，也只有最頂尖的，會被最多人記得並且傳頌，如果

你希望做到這種境界，瘋狂的努力是你不可能略過的步驟。

　　講到古典音樂的代表人物，我們很難不想到莫札特；講到籃球運動員的代表人物，我們很難不想麥可‧喬丹；講到高爾夫球運動員的代表人物，我們很難不想到老虎‧伍茲；講到物理學家的代表人物，我們則是很難不想到愛因斯坦……在每個領域，總是有幾個代表人物，而能夠被大家牢牢記住的，往往也只有這些代表的人物，他們就代表地球上人類在該領域最好的表現、第一名的成就。這個世界往往只會關注第一名，而第二名以後就鮮少有人會去注意。若你想要成為這些第一名，你就必須毫無保留的瘋狂努力！

　　很多人會有一種錯誤的認知，以為那些在科學、文學、藝術、運動、商業、音樂等各領域的頂尖菁英，都是天生就如此傑出、如此非凡，既使不靠後天的努力也可以這麼成功。事實上這種想法是非常錯誤的。既使是天賦非凡的人，也都必須要忍受長久的努力、歷經多次的挫敗，才能夠有他們現在令人羨慕的成就。

從1歲就開始高爾夫球教育的老虎伍茲

　　老虎‧伍茲是被公認為世界上最成功的高爾夫球運動員之一，收入更是相當可觀，《富比世雜誌》曾經公布過，在2008年6月到2009年6月間，老虎‧伍茲的收入為1億1千萬美元（新台幣36億元），等於月收入3億元，大勝其他的體育明星例如麥可‧喬丹。如此將個人的天賦和熱忱發揮得淋漓盡致的例子，很容易讓人望洋興嘆，覺得他就是天生命好，才有

這麼好的個人成就，我們不可能也不用去妄想能變得跟他一樣，不過，如果這麼想，那可就完全與事實違背了。事實上，老虎・伍茲曾經付出的努力程度，可能是你想也想不到的，現在就讓我們來看看：

老虎・伍茲出生在加州，因為父親十分熱愛高爾夫球，所以從小就帶領老虎伍茲走進高爾夫球的世界。而老虎・伍茲也在父親的引導下，很小的年紀就展現出對高爾夫球極高的天賦。但正如本書所說，找到你的天賦和熱忱只是打造星光大道的起點，如果你才剛在起點就什麼也不做，那你的星光大道也就畫下了終點了。好在老虎・伍茲並沒有放任荒廢他的天賦和熱忱，而是在父親慈愛的教導下，將人生的歲月瘋狂的投入到高爾夫球的練習當中。

在老虎・伍茲1歲時，父親就開始教導他高爾夫球的知識，並且帶著他練習揮杆。當他4歲時，就開始正式練習高爾夫球，8歲時，就在國際高球少年賽中贏得第一個冠軍，4～12歲每天都練習高爾夫球好幾個小時。在15歲以前，就獲得了六次世界青少年高爾夫球盃的冠軍。18歲時，成為了最年輕的美國業餘比賽冠軍。到1999年末時，他排名世界第一，直到2012年時，更摘下了生涯第74個冠軍，史上排名第2，其中有38次冠軍獎金超過百萬美元。看了老虎・伍茲的這些高爾夫球經歷，我們可以總結來說，老虎・伍茲根本就是把他一生的時間、精力都投注在高爾夫球上面，所以他能有今天的成就，實在不是光有天賦和熱忱，而是付出了大量的努力才能得到。

所以，即使已經找到了天賦和熱忱，還必須能毫無保留的拚命去努

力，才能在自己熱愛的領域上擁有非凡無比的實力，最終成為真正一流的頂尖人物。否則就算你有十足的天賦，但卻不願意忍受努力的辛苦，終究也只能淪為平庸的人，還比不上天賦差你一些，可是卻願意忍受比你多倍辛苦努力的人。**成為頂尖的人物，與成為平庸的人物，日後不論是成就、收入、影響力，相差都是天壤之別，所以想要真正在自己有興趣的領域取得非凡的成功，一定要能夠熬過別人所無法忍受的痛苦和寂寞。**

從小承受與母親分離痛苦的鋼琴家朗朗

看完了老虎‧伍茲努力的例子，我們再來看看著瘋狂努力成功的代表，也就是出生在中國瀋陽，被美國票選為即將改變世界二十位年輕人之一的青年鋼琴家——朗朗。

在朗朗小的時候，父母親就因為發現他的天分，希望能開發出他的潛能，因此夫妻倆就商量好，要由爸爸帶著朗朗到北京去學習，母親則繼續留在家鄉瀋陽工作，來支持一家所需要的收入，從此朗朗與母親就分離兩地，甚至長達10年母子沒有辦法住在一起。為了要訓練朗朗成為世界第一流的鋼琴演奏家，他的父親從小就要求他每天清晨六點不到，當大家都還在沉睡的時候，就必須爬起來練琴。並且告訴他：「你一定得像活不過明天那樣地練琴。你必須練到每個人都能看到，沒有人有理由拒絕你，你是第一名，永遠會是第一名。」

這樣魔鬼般的艱苦學習和努力，一般人根本是很難承受得了，但是還好朗朗一家對於鋼琴的執著始終沒有消失，在朗朗熬過了十多年艱苦的努

力歲月之後，最後終於達到了他現在享譽國際的地位，更是第一位能夠在美國白宮舉辦演奏會的中國鋼琴家，美國總統甚至稱讚他是「世界和平的使者」。

看完了朗朗的故事，或許我們未必能夠認同為了爭取「第一名」，而必須採取這麼極端的教育方式，但是這卻讓我們見識到了那些成功的人，背後是如何以一般人無法想像的程度在努力。所以如果我們對現在的成就不夠滿意，如果我們抱怨自己天分不夠無法成功，或許我們可以想想看，自己有沒有像朗朗一半的努力？

心理學家認為成功最重要的因素是努力
而非才能

曾登上《時代》雜誌100位最具影響力人物榜的作家麥爾坎‧葛拉威爾（Malcolm Gladwell），在他的「異數」一書中提到，心理學家仔細研究許多天才型人物的生涯，發現成功最重要的因素似乎是不間斷的努力，而不是與生俱來的才能。認知心理學家艾瑞克森（K. Anders Ericsson）等人，則是曾經在柏林一流的音樂學院研究後，發現到了一項令人驚訝的事實，就是，其實根本沒有天生的演奏家，也就是根本沒有只要練習一下下就能夠成為頂尖好手的，能夠出類拔萃的人，不光只是比別人多努力一點，甚至是努力好幾倍！神經學家列維亭（Daniel Levitin）甚至表示，根據研究顯示，不管作曲家，籃球選手，科幻小說作家、溜冰選手、職業鋼

琴家、棋士、甚至是最厲害的罪犯等，都一再驗證他們都是透過不斷的練習而達到後來的成就，而且這些人當中有著共同神奇的基本練習時間，也就是最少都要一萬個小時！

　　有些人會問說，雖然我找到了天賦和熱忱，但是我實在懶得投入那麼多的努力，那該怎麼辦呢？如果是這樣的話，這我就必須說，很有可能你找到的其實根本就不是你真正的熱忱，所以才會不想投注時間在上面。如果我們有看過小孩子沉浸在自己玩具世界的樣子，如果我們有看過青澀的男生辛苦追求他心愛女生的樣子，我們就會發現當一個人真的在做自己喜歡的事，一定是巴不得分分秒秒都跟它相處，怎麼可能會不想努力？所以如果你真的找到了發自內心的熱忱，那應該是會覺得努力付出是充實且美好的，不太可能會有不想努力的情況發生！

驚人的作品＝未來巨星的誕生

夢想方程式 3 ──

就好像許多的歌星要有自己的「主打歌」，才能奠定自己基本的演藝地位。凡是要在自己的領域當中，成為未來的明日巨星，同樣就必須努力催生出自己的驚人作品，成為自己的代表作，讓眾人認識到你的才華，並且一步步幫助自己推向人生的高峰。現在的世界越來越多元，每天在網路、媒體上出現的新事物也很多，如果你真的想要在這個世界，被他人看見你的才華，而不是只是當做興趣玩玩，你就必須將火力集中在你想要成就的領域，你不能像瞎子渡河一般，漫無目標的努力，而是必須專心致志的盡一切力量，在有限的時間催生出你的驚人作品，並且想辦法讓越多的人看到，這樣你才越有機會能夠靠你的才華實現自己的夢想，例如：

如果你想成為跳舞界的巨星，你就必須打造出讓人驚嘆的舞蹈表演。

如果你想成為歌星，你就要有讓人感動的歌唱作品。

如果你想成為企業家，你就要成功的打造一家成功獲利又有好產品的公司。

如果你想成為運動家，你就必須在競賽中脫穎而出。

在堆出驚人作品以前，許多人都必須經過長期的努力，這個努力沉潛的時間有多久，沒有人敢保

證，可是只要你願意努力下去，終有一天你有能力做出轟動的作品就不會是不可能的事。魔術師劉謙，靠著在中國最盛大的春節晚會中表演魔術，成為自己近年的代表作，也就是因為這個代表作驚艷了中國數億的觀眾，立刻讓自己的知名度暴增千百倍，成為中國13億人街頭巷尾熱烈討論的人物，並且巡迴各地表演，年收入甚至突破一億元，名利雙收。流行歌手周杰倫創作出第二張范特西專輯時，驚動整個華人流行音樂界，這就是他的驚人作品，因此奠定他巨星的地位。麵包師父吳寶春在2010年參加法國巴黎舉行的首屆世界盃麵包大師賽（LES MASTERS DE LA BOULANGERIE），獲得歐式麵包組世界冠軍，這也是屬於他的驚人作品，藉此讓大家知道一個麵包師父也能成為世界注目的焦點。

對數位創作者最好的一個時代

現在這個時代，因為電腦技術的進步，對於那些想要創作的人來說，例如照片、影片、動畫、音樂、文章等，更是最好的一個時代，因為數位科技實在是太發達了，隨時都可以取得非常成熟好用的軟硬體，來實現每個人的創意，再加上網際網路的發達，只要是真正好的作品，一定會獲得大家的肯定和迴響，於是，成功真正的門檻，是你腦袋裡面的東西夠不夠，而不是你認識了什麼大老闆，或者你有多雄厚的財力，這真是一個以前想也想不到的美好世界。

例如我一位朋友陳震，本來只是在部落格寫寫文章、創作歌詞，但是因為他寫的內容非常好，就被唱片公司從網路上注意到，進而聯絡他將他簽了下來，最後他的創作還成為台灣女子團體SHE專輯中《五月天》的歌詞，他甚至

連去唱片公司都不必就已經被注意到了，你們說這種好事從前有可能嗎？

　　所以如果你的夢想是與數位創作有關的，不要再猶豫馬上利用 Youtube、Facebook或其他的網站，將你最好的作品放上去，看看能不能成為驚豔眾人的作品，讓你成為一個準未來巨星！

夢想方程式4──
貴人的提攜＝成就夢想的臨門一腳

　　沒有人可以只靠自己成功。在經歷了前面的三個方程式，你首先找到了自己的天賦和熱忱，擁有大多數人從來沒有找到過的成功祕密，接著你願意花多年的時間，或者本書說的一萬個小時以上來瘋狂的努力，你做到了很少人能夠做到的辛苦磨練，最後你更是催生出了自己的驚人作品，向世人展現你獨一無二的才華。若是你真的能一路走到現在，那你已經是萬中選一的稀世人才，極為難得。不過，曾經也有過許多人，花了數年甚至十多年的時間，一路努力到執行完夢想前三個方程式，本來應該要坦順的開始走向自己的星光大道，完成人生的美夢，但是很可惜的，卻仍然因為沒有做好一件事，而使自己的努力始終不能開花結果，這個達到成功最後的一道門檻，這個夢想方程式的最後一個步驟，就是夢想方程式第四條──貴人的提攜。

　　很多人對這點感到困惑，為什麼貴人的提攜會影響我們能不能成功？難道自己的才華不足以保證我們的成功嗎？事實上，每個人在世界上，真的幾乎不可能只靠著自己成就大事，自己的才華只是成就大夢想的必備因素，但卻絕對不是足夠的因素。你的才華要想展現出來讓別人看到，就一定必須要

有外來的力量，來幫助你準備適合你的舞台，塑造適合你的形象，聯絡你需要的資源，構思你表演的流程，這些都是需要很多額外的幫助，絕不是單單靠你一個人就可以完成。所以如果你真的要達成不可思議的夢想，你需要遇到你生命當中的貴人，來協助徹底把你的潛能完全發揮，徹底讓你的才華達到最大化，並且推廣到全世界，例如：

如果你想當作家，貴人就是好的出版社。

如果你想當明星，貴人就是好的經紀人。

如果你想當企業家，貴人就是你的投資者、公司幹部、策略夥伴。

如果你想當補教名師，貴人就是補習班老闆。

貴人究竟有多重要，本書下一章〈不靠傳統教育也能成功〉，就提供了很好的參考案例，例如：賈伯斯如果沒有跟沃茲尼亞合作，他也很難開發出優秀的電腦產品，小賈斯汀如果沒有亞瑟小子也沒有其他人的幫忙，他也無法真正將自己的才華徹底發揮出來，並轉為成功的明星藝人。或者廣義來說，喬迪恩如果沒有遇到「網路」這個貴人，他也不可能展現自己對於商業的天路和熱忱。

錯誤的貴人可能會嚴重傷害你的成功之路

如果找錯了貴人，不但沒有辦法將你的才華最大化，甚至可能會毀掉你夢想已久的星光大道，例如歌星楊宗緯的故事：

對於有在關心台灣流行歌台的人來說，「楊宗緯」這個名字肯定不陌生，2007年他參加台灣的選秀節目《超級星光大道》，因為歌聲十分動

人、感情豐富，很快的就在節目當中爆紅，成為所有人都公認的情歌王子，流行音樂界更是到處都想要拉攏楊宗緯這位正在熠熠發光的明日之星。但是很可惜的，就在他離開了選秀節目，正準備要實現自己的歌星夢想時，他與當時經紀人的合約關係卻出了很大的問題，結果不但沒有得到貴人的幫助，甚至還因此拖累自己的演藝事業。那一陣子，報章媒體時常可以見到楊宗緯與經紀人、唱片公司撲朔迷離的合約糾紛，於是他的音樂事業就在這個最關鍵的時刻硬生生的被停擺了下來，他的夢想也蒙上了一層嚴重的陰影，一直到2009年11月4日合約到期後，他才終於脫離了錯誤貴人的惡夢。

反觀另外一位同樣從星光大道出身，在當時是楊宗緯戰友的林宥嘉，自從最後獲得冠軍後，遇到了適合他的貴人——也就是一家專業而且用心栽培他的貴人華研唱片公司。從此以後，他的明星之路一片平坦，不但至今已發行過神祕嘉賓、感官世界、美妙生活、大小說家共四張國語專輯，更舉辦過無數場大小型的演唱會，承接過10場以上的電影和廣告代言機會，為自己的歌唱事業奠定了穩定的基礎。另外一位同樣是在《超級星光大道》嶄露頭角的蕭敬騰，一樣是在經歷夢想方程式的前三個步驟後，找到能將他真正推上世界舞台的貴人華納唱片公司，也就是最後臨門一腳的重要貴人，於是從《超級星光大道》節目結束之後，星途也是一片平坦，至今不但已發行了四張華語專輯，更陸續登上香港紅磡和台北小巨蛋，舉辦演唱會，還接拍電影、廣告代言，2011年收入更是一舉突破一億元新台幣，真可謂夢想實現又名利雙收的又一經典案例。

跟隨內心走向星光大道

　　這一章走筆至此已經接近尾聲，不知道大家是否有受到激勵，要開始規劃邁向自己的星光大道了？本章確實是我對自己相當深刻的一個人生解答，所以希望也能夠為你提供一些可參考的未來規劃。究竟人生該何去何從？從我的成長到現在，這個想法確實是我一直擺在心裡的一個大疑問，我曾經也是相當的懵懂、掙扎，在別人強灌給我的價值觀和自己內心的聲音之間徘徊迷枉，躊躇憂慮。

　　現在的我並不是再也沒有困惑，但是至少對於人生大方向，卻有沉澱消化過，禁得起一再審思的信念，讓我不會再迷失徘徊於人生該往何去何從。而我，因為現在剛好從事中學教師的工作，對這個課題又有了更深的體悟，亞洲的主流教育方向，傾向於在20歲以前，大量灌輸許多制式化的科目，包括國文、英文、史地、數學、物理、化學等，但從來也沒教過學生們為什麼要去學習這些東西，也從來沒有多少學生真正認同這樣的學習內容，而我自己的想法呢？我認為教育的目的是應該要充份引導並開發每個人的心智性靈，以及讓人能夠充份發展潛能，達到更快樂、更圓滿、更精彩和無悔的人生。一般來說每一個人從小到大，好歹也唸了十幾年的書，但請問，如果人生做了這麼多的努力，卻沒有過得更令人滿意，這些辛苦究竟所謂何來？這豈不是相當的荒謬嗎？但很遺憾的，在我們現行的教育體制裡，找不到可以回應的答案。

　　但我現在身為老師，卻也不可能在這種大環境下，支持學生完全放棄學校課業，因為這樣未免過於冒險，所以我在教學上，努力讓學生用最有

效率的方式，去學習到他們需要的知識，然後再鼓勵他們去多嘗試不同的事物，以及開發出自己的潛能，希望學生能漸漸找出最適合自己的人生，揮動屬於自己的畫筆，為自己的人生著上鮮艷的色彩。

很多很多的人，不知道自己的天賦和熱情是什麼，也有很多很多的人，知道自己的天賦和熱情，但卻沒有勇氣去實現它，更有很多很多的人，懷抱著許多的天賦和熱情，但卻被周遭的親人、朋友、師長，給否定、壓抑，以至於最終完全喪失了獨特的自我，最後走向乏善可陳的人生，終至於老死，這些都是一樣的可惜，因為，他們錯過了本來可以擁有更精彩生命的機會。

我相信，每個人都有他異於常人的天賦和熱情，不論年紀大或小，只是有沒有被發掘出來罷了，有些人很會說故事，有人會說這只是耍嘴皮子，但或許他其實是下一個李安，導演出感動千萬人的電影。有些人很喜歡鑽牛角尖，專門問一些怪問題，有人會說這是腦袋有問題，但或許他其實是下一個蘇格拉底，啟發當代人的思想，影響後世數千年。有些人看到書本就想睡覺，只喜歡彈琴哼哼唱唱打球，有人會說這根本沒前途，但或許他其實是下一個周杰倫，帶給數十億人美好的音樂，有些人看起來鈍鈍懶懶的，似乎整天只想著自己的事，有人會說這是態度散漫，但或許他其實是下一個愛因斯坦，帶給全人類完全顛覆的宇宙觀，我們身旁，有著太多太多的人，喜歡強加自己的價值觀，在別人身上，無法認同每個人發自內心獨特的想法，更無法尊重包容每個人去追尋屬於自己最合適的人生姿態，家人可能會如此，學校的師長同學可能會如此，宗教裡的傳教人更可

能會如此，任何人都有可能會，但是，正在閱讀本篇的你，請告訴自己，唯有你內心真正相信和熱愛的信念，才是你人生最終最有價值的選擇。

我曾經遇過一位教授記憶學的老師，他自己相當有天賦於記憶技巧的研發，他也相當能發揮這樣的天賦，這是一件相當好的事，但怪異的是，可能是他為了增加推銷他課程的效果吧，總喜歡在各種場合笑稱無法快速記憶的人為白痴，藉由對他人的貶低來吹捧自己的厲害，像他這樣的說法，就是對人類心智一種相當狹隘的認知，有些人記憶能力不發達，但或許感受力很強，或者獨立思考能力很顯著，這些都各有特點，人類的社會也都會需要這些能力，並沒有絕對的優或劣，更不應該用一些一廂情願的原則來對別人進行簡化的價值判斷，這位老師能充份發揮自己的天賦和熱情，所以他在教學領域確實有他的一片天，但他如許多偏狹的人一般，用簡單的分類法就去評論別人的價值，或稱他人白痴，智商低，卻是相當幼稚且不可取的。

每一個人都應該走向自己的星光大道，每一個人都應該擁有精采而無悔的人生，每一個人也都有權力去選擇自己的人生方式。希望透過本章的分享，能給予大家朝夢想前進的力量。

社會觀察家

　　如何找到孩子的天賦，幫助他們發掘自己的興趣，找到自己想走的方向呢？以下有幾點建議給各位父母當作參考：

一、網站測試：http://www.authentichappiness.sas.upenn.edu/default.aspx

　　這個網站可選擇中文，在網頁右上角的地方可選擇語言，另外需要註冊帳號及密碼才能登入做測驗，網站內有優勢測驗、快樂測驗、生命價值測驗，父母親可以帶著孩子一起做測驗、討論，增加親子互動時間。

二、臺灣的人力銀行，例如104、1111、YES123求職網，都有提供工作性向測驗，學校也會提供免費測驗，父母親和師長有義務引導孩子找到自己想走的方向。

三、深沉的對談和思考，幫助孩子釐清自己的思緒，了解興趣所在，以下提供題目給父母親參考：

◆ 思考做什麼事情比較順，或者對什麼事情比較敏銳（例如數字、體能、美術、味道、美食、音樂……等等），也可以是無法測驗出或是潛在的能力（例如正義感、同理心、善良、膽小……等特質）。

◆ 對什麼事情感到有興趣？（例如畫畫、打球、玩樂器……等）這時就可以鼓勵孩子多花時間在自己感興趣的事情上。

◆ 對什麼事情不擅長，有無補救的方法？除了思考不擅長的領域有哪些，想補強的方法是重要的一環，讓孩子盡力而為，努力做到自己的極限。

第5章

不靠傳統教育
也能成功

當世界每天都在高速演化，未來的科技
更加人性化，各項新發明更加的神奇好用，
那些還在死守傳統教育路線，以考好分數和
進好學校為唯一求學目標，學習的是數十年
大同小異教材的學生，將十分可能在詭譎莫
測的未來世界競爭中，遠遠落後那些掌握未
來教育並靈活多元的學生。

天賦時代──

沒有龐大的人脈錢脈也能夠成功

早慧的天才很多時代都有，但是並不是每個早慧的天才，都能在他生存的時代，有機會展現出耀眼的光芒。然而，由於科技的進步和網際網路的發達，今天我們的世界，是人類有史以來擁有最大機會，讓所有孩子展現他們非凡才智的時代。尤其是涉及到音樂、寫作、繪畫、舞蹈、創意等無需受限於體力、資歷、法定年齡等因素的領域上，許多孩子早已利用各種科技工具、軟體，透過網際網路為自己譜出了燦爛又耀眼的人生之路。

但相對來說，當世界每天都在高速演化，未來的科技更加人性化，各項新發明更加的神奇好用，那些還在死守傳統教育路線，以考好分數和進好學校為唯一求學目標，學習的是數十年大同小異教材的學生，將十分可能在詭譎莫測的未來世界競爭中，遠遠落後那些掌握未來教育並靈活多元的學生。

本書永遠不否認，傳統教育能幫助某些人成功，但重點在於這些人都只是少數，而且似乎真的是太少了，少到我們實在覺得沒有必要把所有的孩子都拖進傳統教育的池子裡。但是如果不透過傳統教育，可以讓孩子的人生找到自己的路嗎？幸運的

是，我們有許多證據可以證明，答案是肯定的！以下先來看看傳統教育與未來教育的差別：

傳統教育VS未來教育

教育	傳統教育下的孩子	未來教育下的孩子
天賦	不重視個人天賦 每個人都強迫學習同樣的科目	專注個人獨特的天賦，每個人都是自己擅長領域的天才
熱忱	絕大部分是被逼迫學習自己不喜歡的科目	能自由選擇自己所愛的事物，對於人生充滿新奇、快樂、熱忱
人生目標	工作、賺錢、將生命賣給政府、公司，為別人而活	工作、賺錢只是人生的基礎，在小時候就應該完成，真正的目標是完成人生各種令人熱血沸騰的夢想

接下來本章將介紹幾個例子，包括流行歌手小賈斯汀、科技天才賈伯斯、創業神童卡麥隆‧強森、喬迪恩、兒童作家鄒奇奇等，就是充分開發出自己的天賦和熱忱，並且懂得利用新工具，最終能在傳統教育之外快速的竄起，獲得令人難以想像的巨大成功，現在就讓我們來看看這些人的故事。

小賈斯汀（Justin Bieber）──風靡全球的少年歌星

小賈斯汀是西洋流行樂壇一顆快速竄起的耀眼明星，小小年紀在演藝事業上就已經擁有了不起的成就。若要論及2012年前後，年紀最小且紅遍西洋流行樂壇，肯定非這位加拿大的歌手小賈斯汀莫屬。然而最具啟發性的是，他在沒有任何優渥家世的條件下，居然在15歲就開始走紅流行樂壇，甚至至今已經累積了50億台幣的身價。他不可思議的成功故事，就是找到天賦熱忱並且發揮得淋漓盡致，不需靠傳統教育就找到自己精采人生的經典案例。

靠單親媽媽兼兩份工作撫養長大的小賈斯汀，出生於1994年3月1日的加拿大安大略省，10個月大的時候，他的父母就離異，他與媽媽沒有好的房子、好的生活條件、更遑論好的教育資源，依照我們一般人的看法，這樣缺乏資源的孩子，未來能有所成就的機會，相形來說實在相當渺茫。

找到天賦和熱忱，夢想開始萌芽

儘管生活困苦，卻一點也掩蓋不了小賈斯汀的媽媽發現到他驚人的音樂才華，2、3歲時，小賈斯汀就被發現能夠無師自通打鼓、彈鋼琴、吉他、吹小喇叭，現在在Youtube網站上面，都還可以找到許

多影片來證實，小賈斯汀確實在幼年就展現驚人的音樂天分（感謝資訊科技為我們保存這些記錄）。但是更難得的是，小賈斯汀的媽媽並沒有只拿學校的成績來衡量他的價值，反而相當賞識這樣的音樂才華，並且在小賈斯汀的成長路上支持他去展現自己的天分和熱忱。

在很小的時候，小賈斯汀就為了賺零用錢，到街頭上自彈自唱，青澀的臉龐下，卻具備著渾然天成的演出實力，引來許多路人的圍觀和稱讚。他媽媽也將小賈斯汀這些音樂成長的記錄，包括彈奏樂器、街頭賣藝等的影片，都上傳到Youtube網站。

Youtube不愧是許多人的傳奇製造機，當小賈斯汀的許多影片被上傳之後，不但點閱率持續提昇，更發生了一件神奇的事……

原來，這個小男生青澀的表演影片，除了吸引許多網友的好奇外，更吸引到了美國流行歌手亞瑟小子（Usher）的注意，亞瑟小子是個非常專業的流行音樂藝人，他非常驚豔小賈斯汀非凡的天賦和才華，認為他十足具有成為巨星的特質，因此積極將他簽約成旗下藝人，並依照他的特色規劃他個人專屬的明星之路。

走向自己獨特的人生之路

2010年1月18日，小賈斯汀的單曲「Baby」發行，朗朗上口的旋律和充滿流行色彩的節奏，瞬間就虜獲年輕男女的心，橫掃全世界關注西洋流行音樂的地區，這首「Baby」很快的便成為美國Billboard 排行榜的冠軍，使小賈斯汀成為自1963年以來，最年輕的冠軍男歌手。本書截稿時的

2012年，小賈斯汀也才18歲，但已經累積了以下的驚人記錄：

◆ 成名曲「Baby」音樂錄影帶締造YouTube網站7億8000萬的瀏覽人次。

◆ 個人擁有4600萬名Facebook粉絲與2800萬名Twitter追隨者，這個數字
　還在持續增加中。

◆ 連續兩年榮登富比士雜誌2012年全球百大最具影響力名人榜。

◆ 身價累積超過50億新台幣。

◆ 《My World》總銷量800萬張。

◆ 全美音樂獎年度藝人獎。

◆ 2010美國青少年民選獎男歌手獎。

　　小賈斯汀的例子，就是一個找出天賦和熱忱，並運用Youtube這項新科技快速把自己推向成功的經典例子。

　　我們很難想像，如果把像小賈斯汀這樣具備音樂才華的孩子，強迫遵循著傳統的教育，跟別人一樣每天把時間花在算數學、背單字、記地理歷史的名稱，他會變成什麼樣子？雖然我們不能斷言他不能把書念好，但是就算他真的全力以赴，最多也就是變成眾多很會算數學、分數拿很高的好學生，而絕對不會是現在這個獨一無二的樂壇明星了，這對他自己和整個流行音樂界，都會是多麼大的損失！

　　我認為，每一個人來到世界上，都應該要能夠做到像小賈斯汀這樣，我指的不是每個人都要當明星，受到許多人的崇拜，而是每個人都應該要去實現自己的天賦和熱忱，並且賺取一輩子足夠使用的財富，這根本就是一個最基本的天賦人權。但是很可惜的，我們的傳統教育卻完全不是朝這

個方向去發展，傳統教育並不關心孩子的天賦是什麼，更不關心他們的熱忱是什麼，只關心國文、英文、數學、自然、社會這幾個非常狹隘的學科分數。而教育為學生量身訂做的人生，也不是鼓勵他們賺取一輩子足夠使用的財富，而是期待所有人做一個社會的螺絲釘，領取平均來說為數不多的「薪水」，安安穩穩的過好自己的人生就好。這種不精采、不豐盛、沒熱情的人生，你會想要嗎？我可是一點也不想要！

賈伯斯（Steve Jobs）——
帶領科技大跳躍的霸氣天才

賈伯斯是近年來最受到熱烈崇拜的創業家典範，極少有創業家，或是科技產品的業者，能像賈伯斯這樣被大眾所瘋狂的推崇和熱愛，他和沃茲尼克（Stephen Gary Wozniak）、韋恩（Ronald Wayne）一同創辦的蘋果電腦公司，巨大的影響了現代的數位科技產品，和每一個人的生活方式。

成功的創業家非常的多，能改變人們生活方式的產品也不在少數，但能這麼深刻的帶領全世界在科技領域不斷的創新和進步，甚至將生硬的科技產品塑造成為一種潮流和時尚，引領無數大眾前仆後繼的追隨，實在是少數中的少數。我們不禁好奇，究竟是什麼樣的教育歷程，能讓賈伯斯有這樣非凡的天賦和才能，又是什麼樣的信念，可以讓賈伯斯如此特立獨行，充滿熱情，又具備無與倫比的感染力，我們現在就來了解一下賈伯斯的生平歷程。

賈伯斯出生於1955年2月24日的美國舊金山，小時候父親是一名從事汽車改裝和銷售的商人，開啟了他接觸機械和精密裝置的經驗，高中畢業後，賈伯斯進入全美學費最貴的大學之一——里德學院（Reed College）就讀，大學念了6個月後，賈伯斯看不出念大學的價值，在學校也找不到自己想要的

人生答案，而且為了繳學費，還幾乎花光了父母一輩子的積蓄，想到為了就學付出了昂貴的學費，卻學不到他要的東西，他就毅然休學了。

休學之後，賈伯斯再也不用為了畢業去修那些不感興趣的必修學分，他可以在校園隨意亂晃，到任何課堂去上任何他真正想上的課，那時候里德學院裡有一門手寫課程，教導學生如何寫出漂亮的手寫字，這讓賈伯斯感到著迷，就跑去旁聽。在那裡賈伯斯學到了如何書寫一些優美的字體，例如serif與sanserif字體，這樣的學習看似只是個沒有用處的課程，但在十年後，當賈伯斯設計第一台麥金塔電腦mac時，就把這樣的優美字體放進原本生硬呆板的電腦裡，為電腦注入了令人驚豔的藝術感和設計感，令消費者感到驚喜萬分。

在當初，賈伯斯也不知道手寫課程可以幫助到自己未來的電腦開發，但是當他勇敢的去嘗試各種喜愛的事物，**當他讓自己的人生不再為了遵循別人的規則而活時，他就可以有機會為自己的人生增添許多真正熱情的元素，當人生拉長之後，原本這些看起來沒有意義的美好經歷，就可能可以串成一段更有發展性的未來。**很多人可能會說：「那也是因為後來他發現字體課程有用所以你才這樣說，如果後來發現沒有用呢？」就算一輩子都沒有用，又如何呢？如果你能夠專注在自己真正有興趣的熱情上，就算日後並沒有因此而得到任何附加的好處，你至少當下就已經感到十分值得了，就不會遺憾了不是嗎！

1976年，賈伯斯21歲時，他和沃茲尼克、韋恩成立了蘋果電腦公司，製造了商業化的個人電腦AppleI，隨即受到市場的熱愛，訂單應接不

暇，賈伯斯也很快的擠進了致富的行列。隨著公司的壯大，賈伯斯聘請了當時任職百事可樂公司的史考利來擔任執行長。但是在1985年時，隨著mac的銷售量下降和公司重要元老的離開，再加上賈伯斯在年輕時候不可一世的氣燄，居然被公司的董事會和聘請來的史考利開除，憤而離開公司。

1985年到1986年間，賈伯斯開始另起爐灶，一方面他成立了後來終告失敗的NEXT電腦公司，一方面他以五百萬美元買下了皮克斯動畫公司。在經歷了多年難熬的低潮期後，1995年，首度用動畫拍成的電影玩具總動員，終於讓賈伯斯大大吐了一口怨氣，大賣3億五千萬。隔年皮克斯公開募股，才一天就為賈伯斯賺進了十億美元的身價（看來我們也應該要教一下學生如何以這種速度賺錢），此時，當初把賈伯斯掃地出門的蘋果電腦，卻面臨了公司業績委靡不振的窘境，看到賈伯斯在被逐出公司大門後居然展現令人不可思議的創意和商業能力，不得不低頭去請他回來掌舵，希望能重新帶領蘋果電腦恢復往日光榮，在科技產業上再度奪回龍頭的寶座。

終於，1997年，重新回到蘋果掌舵的賈伯斯，果真締造了一連串更加令人讚嘆的傳奇故事：

1997年開始，陸續推出iMac、iBook、iPod、iTunes等創新商品。

2007年，推出智慧型手機iPhone。

2008年，iPhone3G上市。

2010年，iPhone4上市，引起轟動和銷售熱潮。同年iPad平板電腦問

世，開啟了平板電腦的潮流和科技業的新戰局。

2011年，iPad2問世。

直到2011年10月5日，就在iPhone4S發表會的隔日，當全世界科技迷討論蘋果新手機的熱潮還沒退燒之際，賈伯斯病逝的消息震驚了全世界，引起眾人的錯愕和惋惜。

賈伯斯從活著到死後，都讓世人瘋狂崇拜，我想最重要的原因，不只是他一手建立了富可敵國的蘋果電腦王朝，還包括了他那種特立獨行卻又充滿激情和靈魂的生活方式。他留下來的演講、談話、思想，更是激勵了許多當代的年輕人，也包括我自己在內，最讓我印象深刻的就是他說的：

「人生的時間有限，不要浪費時間活在別人的生命裡，不要讓教條綑綁住你，也就是活在別人想要的結果，不要讓別人的意見掩蓋了你自己內心的聲音，更重要的，要有勇氣聽從你的內心和直覺，任何其他事物都是次要的。」

他的這個觀念，不只我十分認同，曾經也在我身上發生好多次，例如本書提到過，我曾經因為感覺在學校看不到美好人生的可能性，因此毅然決然的休學一年，因而獲得了一個完全不一樣的人生啟發，就是跟他這個觀念不謀而合。

我常常在想，我們的傳統教育，培育了非常多的孩子，為了錢而努力，為了溫飽而努力，而不是為了人生的美好和理想而努力，這種害怕失敗、害怕失去收入的思維和恐懼，緊緊的綑綁了我們人生，而不是讓美好的夢想去領導我們的人生，朝更圓滿的未來邁進。我們在價值觀上，變成

了金錢的奴隸、溫飽的奴隸，為了有安穩的生活，我們可以放棄夢想，去嘲笑追求夢想的人不切實際，但是真正推動世界在進步，真正引領人類不斷朝向更好生活邁進的，都是那些追求夢想大於安穩生活，都是那些活在不切實際未來的人。如果我們的人生不敢冒險、不願意做一些意料之外的事情，除非你的運氣真的很好，否則又怎麼能夠妄想看到令人意想不到的驚豔人生呢？

　　有人說，有三個蘋果改變了世界，第一個是亞當和夏娃吃的禁果、二是砸到牛頓的蘋果、第三個就是賈伯斯的蘋果電腦公司，雖然沒有證據顯示亞當和夏娃吃的禁果是蘋果，蘋果砸到牛頓的頭也可能只是穿鑿附會，但無法否認的是，賈伯斯確實用自己的人生，給我們這些在傳統教育內成長的人，上了一個至為重要的人生課程。

喬迪恩（Harli Jordean）—— 令人跌破眼鏡的幼齒老闆

2011年11月16日，我受邀到苗栗苑裡高中進行一場網路創業的演講，從台北到苗栗的高鐵路途上，本來想要稍微小睡片刻休息一下，結果旁邊的乘客把報紙撐了開來閱讀，讓我不去注意一下都不行，此時，一個斗大的標題瞬間吸引到我的目光：

「上網賣彈珠，8歲變大亨身家3千萬」

這個驚人的標題立刻讓我瞪大了雙眼，天啊，這是哪裡冒出來的小孩？8歲就已經開始做生意而且擁有三千萬的身價，我8歲時在幹嘛我自己都記不得了。對這份報導充滿好奇的我，於是等到高鐵一到苗栗站後，就立刻就買了一份報紙好好的了解一下。當然，順理成章這份報導，就成了我當天演講最佳的開場白了。以下就是報紙的內容：

📰 報導分享

全球最年輕的彈珠大亨

英國倫敦8歲男童喬迪恩堪稱全球最年輕的「彈珠大亨」。他不僅熱愛彈珠，還開設了專門販售彈珠的網路商店，據報導，兩年來他已賺近3千萬元台幣，且銷售網遍及全球。

現年8歲的喬迪恩在兩年前迷上彈珠，每

天起床後、入睡前，談的都是彈珠，被家人戲稱「彈珠王」。他常跟朋友交換彈珠，沒想到珍藏卻被其他的大孩子搶走。當他央求母親上網添購新彈珠時，卻發現沒有相關商家，因此激發自行開店的靈感。 喬迪恩成立網路商店「彈珠王」（Marble KING）後，一手包辦進貨、處理訂單和出貨等作業，商品從普通約385元台幣罐裝彈珠，到約2.9萬元台幣高檔限量版「約克公爵」彈珠盤都有。商店開幕幾月，訂單就源源不絕，家人都嚇一跳，後來連母親和2個哥哥都幫忙他處理訂單。

喬迪恩的夢想是成立連鎖商店，經營全球最大彈珠玩具專賣店。母親形容：「身為老闆，他很肯承擔責任，對於如何運作也自有想法。」喬迪恩則說：「我喜歡當老闆，但也喜歡有人幫忙分攤工作，這樣萬一出了差錯，就不完全是我的錯。」

◆ 彈珠網站：http：//marbleking.co.uk

這個小男童的故事，讓我們再一次見證到了傳統教育的「拿到好分數、考上好大學、找到好工作」，未必是這個時代唯一存在的人生公式。對於喬迪恩這種具有想法而且執行力強的孩子，再配合網際網路這項新工具的發明，很快的他就已經找到了人生收入的方法。這也就意味著，如果繼續這樣下去，未來的他，將不再需要只是為了長大後能夠混口飯吃，辛辛苦苦的念十幾年的書，再辛辛苦苦的做十幾年的工作，人生的夢想，從現在就可以開始實現！

　　不過像喬迪恩這樣對於彈珠的熱情和創業的天賦，如果放到台灣的傳統教育之下，可能就會完全被摧殘殆盡。我們八成不會去支持喬迪恩專注在彈珠的熱情上，取而代之的是：「玩彈珠有前途嗎？還不趕快去寫數學作業！」、「再給我玩彈珠，就把它們通通丟掉！」，然後喬迪恩就會很可憐的離自己的熱忱越來越遠，幸運的話或許他還能適應傳統教育，但搞不好，最後他就如同失去養分的花朵，最終枯萎在傳統教育貧瘠的土壤裡，也不可能孕育出現在的這般成就了！

　　但如果我們能夠跳脫傳統教育，以更宏觀的角度去看，就會看見這個故事當中之所以能夠成功的原因。首先，他具備對於彈珠充分的熱忱，這其實是相當難能可貴的特質，就算彈珠對我們大人來說，感覺並不是什麼了不起的東西，但一個人能夠對一件事物充滿熱忱，總比死氣沉沉的活著來得好很多。除了熱忱之外，他還找到了經營事業的天賦，並且很幸運的能夠將彈珠和經營事業結合在一起，並且靠著網際網路，讓他在這個無國界的平台上完全把自己的潛能展現出來，甚至讓他在8歲就累積了三千萬的身價。

　　所以，如果我們也希望自己的孩子也能夠展現這種非凡的才華，就千萬不能忽視去開發他們的天賦和熱忱，並且協助他們找到一個舞台來展現自己的才華，讓他們能夠在一個屬於他們的世界裡，自由的飛舞和翱翔，如果再以傳統教育去綁死所有的人，只會繼續犧牲掉數不清擁有巨大才能的孩子。

卡麥隆・強森（Cameron Johnson）

5歲開始做生意的商業天才

我經常在各高中、大學、圖書館演講。面對這些十幾二十幾歲的學生，我常常會跟他們提到，每個時代都有當時人們能夠成功的巨大武器，懂得掌握這些武器的人，就可以比別人更快在競爭激烈的世界裡脫穎而出。我告訴這些學生：「**你們知道嗎？你們生存的這個時代，是人類有史以來，擁有最嶄新發明和豐富資源的時代，你們已經擁有人類有史以來最厲害的各種武器，如果你們能夠掌握它們，善用它們，你們將會以不可思議的速度快速大幅超越其他人，在競爭當中取得勝利。相反的，如果你們沒有不斷去學習如何使用新的武器，只是一昧的繼續接受過時的傳統教育，那你們將會錯過非常多可以蛻變的機會。**」通常當我講完這些的時候，他們的眼睛都會瞪得很大，彷彿從來沒有聽過這樣的事情一般。

確實，我們身處的這個時代，真的是擁有著無限的資源和無限的機會，只看我們有沒有去發現它們、利用它們。例如免費的書店、圖書館、網際網路、應用軟體、電腦硬體、平等的社會、民主的政治、自由的經濟。這些東西，千萬不要以為是天底下理所當然的事情，這些可是人類歷經超過六千年

的努力，才建立起來的豐富資產。但是不懂得去利用這些資產的人，往往人生只能原地踏步，甚至整天埋怨世界的不公、並且仇視成功的人。而懂得利用這些資產的人，卻能夠輕易的在這個遍地機會的世界，取得令人羨慕的成功。而現在我要介紹的這位年輕人——卡麥隆・強森，就是一個有想法、有勇氣，並且靠著自己的能力，善用這個時代特有的資源，做到不靠傳統教育而創造出美好人生的典範。究竟，他有什麼過人之處，值得我特別介紹呢？我們先來看看看他的經歷：

5歲：向人兜售自己的汽車畫作。

6歲：向鄰居兜售番茄。

9歲：以50美元和一部家用電腦，成立了第一家公司。（9歲成立公司，嗯…）

12歲：在eBay拍賣網站賣豆豆布偶，賺了5萬美元。（小學五年級自己賺了超過新台幣一百萬元）

14歲：獲得「年度資訊科技青少年創業家大獎」第二名。

15歲：獲邀赴日訪問，擔任日本企業發言人，並出版日文自傳。（國三年紀被邀請到日本訪問）

18歲：高中畢業前，已賺進人生的第一個100萬美元。（我高中畢業前都只是在花父母的錢）

19歲：擔任福特汽車經銷商的業務總經理。

20歲：新事業構想獲得創投公司允諾提供1000萬美元資金。

21歲：他的同儕還沒念完大學，他已創立過12家獲利的公司。

　　看完這些經歷之後，各位是否覺得很不可思議？上面記載的任何一件事，都是同年紀的人，幾乎難以做到的事。原來，這位卡麥隆‧強森，有著過人的商業天賦和熱忱，並且靠著這個能力，不倚靠傳統教育也能取得豐富的人生。事實上，卡麥隆‧強森的商業本領，讓他在還沒有念完大學之前，就已經靠著自己賺取了一輩子足夠使用的財富，這也意味著，他的人生已經不需要為了混口飯吃，而被迫必須每天上班、工作，重複這些傳統教育不斷指望我們去過的無奈人生。

　　不過，就算卡麥隆的經歷再怎麼令人驚奇，我想我們更好奇的應該是，究竟他是如何做到這些，而我們又如何能夠透過教育培養出這樣獨立、有想法、又成功的人呢？以下，我們就來討論他的教育歷程。

　　卡麥隆‧強森生長在一個創業世家，家族都是十分出色的事業經營者，因為這樣的關係，從小他就耳濡目染，接觸到許多與創業有關的概念。創業家其實有不同的樣貌，有優秀的，也有糟糕的。幸運的是，與卡麥隆‧強森最親近的父母，可算是十分成功的創業家，成功的定義不在於他們賺了多少可觀的財富，而是他們總是對工作充滿熱忱，而且樂在工作，並且樂於和小孩子分享公司營運的大小事情，這也就促成了卡麥隆‧強森從幼兒時期就能夠掌握到與創業有關的知識和能力。

幼年環境的教育對一生影響甚大

　　講到這邊，就讓我許多感觸，想跟大家分享一下，首先就是教育，尤其是從小就接觸環境所給予的教育，真的是相當重要的一件事。許多能夠

在人生中獲得滿意成就的人，歸結到他成功的歷程，都是源自於小時候所受到的教育，這邊指的可不是傳統教育，而是那種具啟發性，從生活當中所給予的教育，例如比爾‧蓋茲在幼年時外祖母透過講故事、玩益智遊戲啟發他對世界的認識，Google創辦人布林和佩吉小時候接受蒙特梭利教育培養了他們積極自主，自我驅動的習慣，周杰倫因為母親從小發掘他的音樂天賦，最終成為全世界知名的台灣流行歌手……這些講不完的故事在在告訴著我們，教育絕對是從幼年時、從家庭裡就已經開始了，若是我們在小孩還年幼時，就讓他擁有許多正面的生命經驗、知識薰陶、想像激發，將會一輩子帶在他身上，影響他一生的發展。我們千萬不能認為，教育的事情，只要丟到學校就好了。家庭從小的關注和培養，對於一個小孩的影響，絕對是不能夠被忽略的。

另外一點就是，我們大人往往不知道為了什麼理由，對於某些事情就是無法在家庭裡面開放來談，尤其是兩性、金錢、政治、宗教等這些傳統認為「不太方便」討論的話題。很多父母要不就是避而不談，要不就是強迫小孩接受一些自己的「偏見」，而不願意保持開放的態度，與他們交流討論。我認為，不管我們大人是不想聊這些議題，還是不知道如何去聊這些議題，都還是一定必須要學著去營造一個開放的氣氛，讓小孩能夠輕鬆的閒聊所有議題。試想，小孩子如果沒有辦法在家裡討論這些想法，他還不是終究會在外面去找尋問題的答案，與其擔心他們接收到一些不恰當的資訊，倒不如讓他們在家裡能夠有談論的對象，不是嗎？

好，我們回到卡麥隆身上吧！話說雖然卡麥隆的家庭確實提供了很好

的身教環境，培育出他出色的創業能力。不過可別以為他的父母就能全力支持他發展自己的天賦，其實卡麥隆的父母也跳脫不了傳統教育的思維，一心指望他好好念書、上好大學，甚至盡可能的阻止他，花太多時間在自己已經非常成功的事業上。因為對於傳統教育的思維來說，沒有拿到社會認同的學歷，都看成是一種失敗。

所以在卡麥隆高中的時候，他的父母為了讓他能夠專注課業，不要花那麼多時間在電腦和事業，索性把他送進了遠離家鄉的寄宿學校。既使卡麥隆不是很願意，不過還是願意遵照了父母的決定，試試看不同的生活。但是這種生活始終不是自己真正想要的，在寄宿學校待上好幾個月後，他終究跟家人提議說要想要離開這間學校。面對他的要求，他父親打算出個難題讓他打消這個念頭，於是告訴他，如果他想回來，就要還給他二萬五千美元的學費。結果令人意想不到的是，卡麥隆其實在那時早已身價非凡，立刻開了一張二萬五千美元的支票給父親，最後順利的回到家中（他父親想必很傻眼）。能夠這麼有自己的想法，又有真正的實力去完成他，這樣的青少年實在是難得。

商業天才進了傳統大學

不過，即使已經小小年紀就縱橫商場，也不需要拿個文憑將來好找工作，卡麥隆‧強森還是在家人的期待之下，進了維吉尼亞理工學院的商學院就讀大學。不過諷刺的是，已經擁有既使精明的企業家也不容易做到的商業成就，他在學校商業課程中的考試居然還是只拿到不怎麼樣的成績——B，

這讓他了解到，學校教育無法正確反應一個人在真實世界能力的荒謬之處。

　　當學期接近尾聲時，無法認同學校教育的卡麥隆‧強森，開始思考是否要離開學校，這件事雖然煩惱，不過也發生了一件既誇張又有趣的事情。當他在修一門叫做「企管概論」的課程時，他才從他朋友那裡得知，原來這堂課的指定教科書裡，有一章裡直接記載了自己的創業故事，書裡還把他列為經驗豐富的青年創業家。一個已經在商業世界裡取得多次成功的人，居然還在商學院裡面聽那些經驗未必比他豐富的人講課。於是就連他的教授也跑來找過他：「卡麥隆，你到底是來這裡做什麼？」最後，卡麥隆終於還是選擇離開了這個從事商業理論研究的大學學院，回到了他熟悉又自在的真實商業世界，繼續開啟他未來無數個精采無比的創業故事。

　　卡麥隆‧強森曾表示：「坦白說，我認為我們絕大多數人，都是在學校教育幫不上忙的領域，展現出我們的才華。」若是我們用這樣的說法來檢視我們台灣的傳統教育，確實也能發現許多真實性存在。近年來台灣有許多在國際發光發熱的人才，他們的才華被全世界高度肯定，更讓許多人稱呼他們是「台灣之光」，例如大導演李安、音樂才子周杰倫、魔術師劉謙、麵包師父吳寶春、服裝設計師吳季剛、網友好手盧彥勳、高爾夫天后曾雅妮等，這些人在自己領域上展現自己無與倫比的才華，不但充分自我實現，社會也給予他們高度的肯定，但是諷刺的是，絕大多數我們所熟知的「台灣之光」，幾乎都不是傳統教育所培育出來的人才，如此看來不免格外諷刺，原來人生發光發熱的普遍條件之一，居然是要遠離社會給他們的教育，那我們的教育到底是在幫助孩子成功，還是在阻止他們成功？這是一個值得我們思考的問題。

 社會觀察家

2012年07月15日 中天新聞文茜的世界周報有著一篇報導：顛覆傳統教育，「淘寶」大學專攻創業。

大陸浙江義烏是全球最大的小商品市場，憑著地利之便，當地唯一的一所大學「義烏工商學院」，顛覆了大陸全國的教育思想，這所學校的新生一進校就以創業教學為導向，「業績即是成績」，他們運用電子商務做為入門教學，學生從大一就自己到小商品市場找貨PO網銷售，如果遇到問題，老師會從旁教授專業知識，學生在上課可以帶著電腦來接單，每月要賺一萬元人民幣才算及格。

資料來源：http://www.ctitv.com.tw/newchina_video_c134v89379.html

大陸的教育不斷更新發展，而我們臺灣卻還要死守以分數一較高下的教育模式嗎？

第6章

迎接未來教育的曙光

未來的世界會需要越來越多充分開發自己潛能，並充滿創意和熱情的新世代領導人，來帶領人類創造不凡的歷史。這些未來在等待的人才，真正的特色在於創意、熱情、樂觀、感性、智慧等特質，絕不是守舊、聽話、呆板等這些傳統教育所形塑的特質。

足夠認識自我才有選擇的勇氣

勇敢面對不同的教育——

一個簡單的選擇題：

（　）我們為兒童準備的教育，應該要能讓他們面對什麼階段的世界？

（Ａ）過去（Ｂ）幾年以內的現在（Ｃ）幾年以後的未來

這個問題沒有什麼陷阱（又不是學校的考試），也不難取得共識。相信絕大多數的人都可以認同，**學校必須讓一個兒童學習到包括當時生存環境和即將來臨的未來所需的各項能力**，也就是（Ｂ）和（Ｃ）。而至於（Ａ），一般人都會認同它並不是一個理想的答案。

但是像上題，這樣一個直覺上簡單又清楚的目標，卻在我們現行的學校體系裡面得不到普遍的實現。例如我們傳統普遍的教育價值觀仍然是，以擁有大學、碩士、博士學歷為人生當中不可或缺的教育目標，儘管大學或碩博士的高價值已經是過去世界的遊戲規則。

我們並不難理解，為孩子準備好面對未來的教育，確實是十分重要的，尤其在這個快速變遷的世界，今天具有競爭力的條件，很可能明天轉眼間就

過時，只著眼於現在或過去世界看得見的能力，確實讓人感到不安。但是即使這樣，為什麼我們並沒有感覺到目前的傳統教育有聚焦在未來所需的技能，反而都是用數十年來大同小異的教材在指導我們的學生。例如，當電腦產業在1980年代開始在全世界快速發展，我們的教育並沒有在1980年代左右就迅速反應趨勢的到來，讓合適的孩子得到充分的資訊科技（Information Technology）課程。而當網際網路（Internet）在1990年代開始在全世界快速發展，我們的教育一樣沒有在適當的時機聚焦於網際網路的課程，而仍然是維持數十年不變的傳統教材——以國、英、數、社、自為共同強迫學習的主科，我相信有許多十分聰明的孩子，原本可以透過電腦和網路的產業一展長才，在全世界大放異彩，但就是因為傳統教育的限制，因此錯失了大展天賦的機會。

這種教育內容落後真實世界所需的現象，並不僅限於台灣，在國外包括美國，也有類似的景況，所以比爾·蓋茲並不是倚靠美國的傳統教育，才驚覺到電腦的時代來臨，賈伯斯也不是靠美國的傳統教育，才形塑出敏銳的科技嗅覺和天分。從這麼多過去的例子來看，我們可以得到一個結論：「**不要去指望傳統教育能幫每個人找到人生正確的路，更別妄想只是在學校好好念書、好好升學，就可以有美好的未來，真正適合自己的教育，絕對要靠自己來努力！**」

找到適合每個人教育的困難

或許有些人可以認同，每個人都應該找到自己合適的教育模式，不必

侷限於政府為我們所制定的傳統教育,既便如此,要能跳脫傳統教育另闢其境,實行上仍然是困難重重。一方面是沒有人可以充分掌握每個人真正適合的教育內容和模式,另一方面,既使我們或許可以窺見不一樣的未來教育,但大部分的人仍然習慣跟大家一樣,死守著感覺十分安全的傳統教育,而不是鼓起勇氣去跳脫傳統教育,走出自己的一條路。

這種過分追求安全而不敢放膽去找尋合適教育的心態,雖然是可以理解,但是卻也很可能毀掉一個根本不適合傳統教育的孩子。投資專家巴菲特曾說過:「對於那些知道自己在做什麼的人來說,多樣化是沒有意義的。」藉用他的話我們也可以這麼理解:「對於那些知道孩子該走什麼路的人來說,跟大家走一樣教育路線是沒有意義的。」所以重點就在於我們一定要用心去發掘,每個孩子獨一無二的天賦和熱忱,我們也應該細心去找出,每個孩子究竟該走向什麼樣的路。而這些目標的達成,都不會是什麼簡單的事,而是家長和小孩,都必須一起透過嘗試、學習、思考、觀察、試驗,必須要付出努力、耐心、甚至是勇氣,才能有最大的機會獲得甜美的果實,如果不願或不能投注心力從小孩身上找出適合他的未來,而只是把他丟到傳統教育裡面去任其發展,那未來的好壞,恐怕也只能像擲骰子般聽天由命了!

勇敢走自己路的人才能成為大贏家

許多人往往不敢去嘗試不一樣的事物,非得要跟大家做一樣的事,才會有安全感,但是在這個世界上有一條不成文的遊戲規則,就是勇於冒險

的人往往可以佔盡最好的東西，而那些不敢冒險的大批追隨者，只能夠分前人剩下的東西，但也只能分到些殘渣碎末罷了！所以，想擁有豐盛美好的人生，具備冒險的精神是不可或缺的。

　　許多人由於長久受到傳統教育的薰陶，早已習慣別人為他安排的路，期待別人告訴他人生怎麼走，希望得到所謂的「正確答案」。但是在真實的人生，往往並沒有所謂的標準答案。所以與其去追尋標準答案是什麼，更重要的是去思考你認為標準答案是什麼，你又有什麼理由說服自己你的答案才是對的？這個世界每天都在創新，而創新最基本的概念就是：「跟以前不同」，所以比起遵循舊規則的人來說，這個世界更需要不那麼「循規蹈矩」的人，也唯有那些能夠掙脫傳統價值觀給予的枷鎖，具備新穎想法且真正富有人文關懷的心靈，才足以帶領人類邁向下一個世紀。

許多成功的人都勇敢選擇離開傳統教育

　　有一天，我在Facebook上看到一張圖片，圖片中充分挖苦了傳統教育模式。FB創辦人馬克、蘋果執行長賈伯斯、世界首富比爾蓋茲都大學休學，離開了傳統教育，但最後仍然成為當代極度成功的人物，不論是在夢想、影響力或個人財富上，都有高成就。而大學畢業的大學生，最終卻淪為便利商店的職員，看來許多乖乖遵守統的教育體制，似乎沒有得到令人滿意的未來。

　　當然平心而論，圖片所傳達出來的訊息是有些極端，舉的例子也是少數中的少數成功案例，如果過度解讀的話恐怕也只是帶給自己災難。例如

有些人會錯誤的以為：「因為這些人休學，所以能夠成功，所以休學肯定是好的！」這樣的想法就大錯特錯，十分危險，正確的解釋應該是：「如果我們非常清楚休學的理由，並且願意接受可能的後果，那就應該追隨自己的內心，勇敢的做出決定，不要害怕走不一樣的路！」如果只是模仿成功者的表象，而不去探究他們所作所為背後的哲理，那也很難在最後得到甜美的成果。

當然我知道，雖然很多家長或學生，也會知道人生應該走自己的路，但是實在是覺得直接跳脫傳統教育是一件太過冒險的事，這該怎麼辦呢？這邊我就分享給大家一個我多年來的心得，就是：「在還沒有發現小孩的天賦和熱忱時，可以先在不過度要求成績的情況下，讓他在傳統教育裡成長，但同時務必要從小就讓他廣泛接觸各種領域的學習，一旦發現他有明顯其他領域的天賦和熱忱時，就可以投注較多資源栽培，如果他在自己特有的領域不斷獲得成就，甚至明顯具有發展前景時，再慢慢脫離傳統教育也不遲」。用上述的方法來作為孩子教育的一個大方向，相信是一個折衷而且合適的方法。

但是要念書又同時去接觸其他的事物，這有可能嗎？一個學生會有這麼多時間嗎？答案是：絕對有的！因為我自己就是一個最典型的例子，在我2012年的著作「台大名師傳授百萬學生最想知道的FunLearn學習法」中，就有寫道，當時我以被社會輿論笑稱「放牛班」程度之姿，分發進台北市的明星高中，原本成績是班上的墊底，但就在我運用「Fun Learn學習法」提昇念書效率，並全力朝自己夢想前進的狀況下，不但培養出了終

身受用的才藝，最後居然也應屆考進了許多高中生嚮往的台灣大學。除了我自身的故事之外，還有許多其他的例子，也一再應證傳統教育和自我興趣，絕對可以取得很好的平衡點，達到既會玩又會念書的境界，例如最近出版的《19歲的追夢藍圖──這8件事讓我上常春藤名校，把自己打造成未來需要的人才》也是在描寫在傳統教育下取得多元發展的故事。看了這麼多的例子之後，你還會覺得在傳統教育的氛圍之下不可能走出自己的路嗎？

學校的未來轉型——從傳統教育進化成未來教育的必經過程

　　傳統教育太過度重視學科，對孩子人生發展太過偏狹的詬病，一直以來都不是新鮮事，本書也不是第一個提出這個問題的人。因此一直以來，民間和政府單位，都一直醞釀想要改變這個現象，例如這幾年內，引起熱烈討論的教育政策「12年國教」，希望讓教育不再只是聚焦在學科上，還能有多元方向的發展，就是一個最顯著的教育改革例子。

　　先不去預測「12年國教」上路後是否能夠得到普遍的肯定，至少我們可以認同的是，這種企圖跳脫傳統教育，讓學生朝向適性發展的想法，絕對是一個正確的方向。畢竟過時的教育體系，在整個台灣實在已經拖延太久，若我們再繼續讓學生一昧的只以得到高學歷、念好國文、英文、數學、社會、自然為高高在上的教育指導方針，肯定會繼續扼殺無數的多元人才。

　　教育的改革，從來就不會一開始就盡如人意，我也提過我們不能完全相信政府的教育政策。但，這都不能停止我們應該對於教育改革持續的進行思考和討論。本節我就來分享一下，我個人認為未來學校應該朝哪個方向去轉型，希望能為教育界提供一些實用的觀點和做法。

知識的傳授已非學校的優勢

學校是一個聚集大批學生和老師的地方，因此在我看來，與「人」相關的教育，才是學校最大的優勢，知識的教育反而不是。但我們現在的教育設計，卻剛好跟這項優勢背道而馳。在學校裡，我們每天在做的事，就是不停在灌輸學生知識上的教育，我們有上不完的國文、英文、數學、物理、化學、地理、歷史等科目。私立學校還必須要留晚輔到8、9點。在這樣學科教育被過度強調的情況下，人與人之間互動和相處的教育，包括禮儀、尊重、溝通、兩性相處、領導力、團隊合作、體育、推銷能力、戶外活動、舞蹈表演、音樂演奏等各種面相的學習，全部被嚴重壓縮，甚至直接犧牲。學校變成少數學科表現優秀者充分適應的環境，對於多數不適應者則永久被貼上「學習能力不佳」的標籤，然後老師再花費大量的精神在管教、約束、責備這些本來就不應該被關在學校牢籠的學生，形成一種不合人性但大家卻都習以為常的成長方式。

學科外的教育才是學校該發揮的強項

從小我們都聽過，教育應該德、智、體、群、美，五育並重，長大後才知道，這其實是一個笑話，因為傳統教育已經將我們的學校扭曲到，為了加強智育的教育，可以大幅犧牲其他四育的學習，五育並重的理念早已形同幻影。

　　我一直認為，在現在這個時代，學校之所以存在的目的，才應該是除了智育以外的德、體、群、美四育。因為在學校內，每位學生都有非常多的機會，跟同儕、長輩、學長姊、學弟妹整天相處在一起並且頻繁的互動，這當中會有摩擦、會有衝撞、會有情感交流、會有想不到的火花，而正是這個難得的環境，讓我們特別有機會能夠實踐德育的價值、培養群育的觀念、進行體育的活動、實施美育的陶冶，而這些教育操作好的話，將會讓學生得到一輩子可以帶著走的價值觀和能力，其重要性絕對不亞於智育上的提昇。

　　至於傳統教育所重視的智育，也就是學科教育，在現在這個資訊時代，可以替代的管道已經太多，由學校來實施的必要性反而急遽在下降中，因為任何學生家中、在圖書館、在咖啡廳，透過書籍、影音、網路等等方式，理論上都可以進行品質更好的學習，所以我們實在不應該讓學校繼續成為學科分數的製造工廠。

　　我曾經在「康橋雙語學校」教過書，這間坐落在新店深山裡的學校，就是相當重視學科外的教育，尤其在體能、藝術、團隊生活的培養，更是不遺餘力。每年在學期間所舉辦全校性的「泳渡日月潭」、「攀登玉山」、「單車環島」等活動，幫助學生培養出健全的體能和團隊合作的能力。而「一人一才藝」、「一人一樂器」的實施，更是使得康橋校內瀰漫著比別的學校更顯著的藝文氛圍，尤其到了上樂器課的日子，放眼望去，學生人手一把吉他、烏克麗麗，樂音此起彼落在校園的迴廊內，真是十分壯觀。

以我自己曾經參與過「單車環島」為例，在學期中整整12天的時間，全校高一師生、工作人員近三百人，全數放下每天念書、每天考試的束縛，組成了綿延數公里的環台大隊。用雙腳走遍台灣的大街小巷，用雙眼看遍了台灣的山水美景，更在艱辛的12天旅程用心去體會勇氣和堅持的價值。甚至當全校車隊騎到了台南的孔廟，學校早已預先在此安排了一場成年禮的活動。無數學生的父母，已經先行在那守候多時，就等待著平日在家呵護備置的小孩，親自經歷了多日的辛苦後，重新出現在自己面前的蛻變。看著在孔廟裡，學生們與父母相聚互動，彼此那種驕傲又興奮的表情，還真是讓人忍不住感動了起來。回憶起這趟「單車環島」的旅程，它不只對於這些學生來說，是成長過程中一個重要的印記，甚至，它更完成了我從國中以來一直沒有辦法成真的夢想，真的是太有意義了！

或許很多人不能理解，書都念不完了，為什麼還要舉辦那麼多的活動？康橋董事長李萬吉先生曾經分享過他的教育理念，他認為教育裡非常重要的一環，是培養孩子勇氣、毅力、審美、團隊合作、忍受挫折等的能力。唯有孩子形塑出這樣的性格和能力，才能在越來越險峻的競爭當中，不屈不撓勇往直前。而這些能力的培養，絕不是整天做在教室裡念書考試就可以學得會的，一定要親身去實踐和體會，才能有所獲得。當然，在傳統教育觀念揮之不去的台灣，還是有非常多的人仍然認為，專注在好好念書、考好分數，才是一件正確的事，不過我卻認為，比起過度強調學科的畸形教育模式，這種多元平衡的發展和薰陶，以長遠來看，才是培養出健全身心的正確道路。

　　當然有人會提出質疑，如果説學校應該加強其他領域的教育，那麼無形當中豈不是就降低了智育領域的課程時數，那該怎麼把學科學好呢？其實，根據我自己多年從事教育的觀察，傳統學校對於學科教育的方式，一直都有過度浪費時間的大問題，對一般資質的學生來説，把學科學好根本並不需要花那麼多的時間！

　　為什麼我這麼説呢？首先，學校體系內的師資，十分參差不齊，雖然在學校內不乏有好老師，但是從我接觸的許多學生身上得知，其實全國仍然有很多老師並沒有在課堂上扮演好授課的角色，浪費許多學生上課的時間（希望學校老師看到這裡不要生氣，我自己也是學校老師）。再來，傳統我們把三、四十個學生聚在同一間教室上同樣課程的方式，也非常的不合理。因為能夠完全適合老師教學進度的，永遠只是一小撮人，大部分的人不是因為自己有補習、有請家教，程度好到不需要聽老師的課，要不然就是程度差到聽了課也沒有用，乾脆放棄。把這些人都強迫關在同一間教室學習，實在很浪費學生的時間。因此可以這麼説，一直以來我們傳統的學科教育，其實都是以非常沒效率的方式在進行，換句話説，要達成同樣的教學品質，其實我們可以用更有效率的方法來執行，以讓學生換取更多學科外教育的時間。這個更有效率的方法，就是我下面要提出的「網路開放課程」。

「網路開放課程」可大幅節省學校的學科時數

　　「網路開放課程」的做法是，由教育當局撥出一定的經費，透過學校

或補教界，商請教法活潑有趣又備受肯定的老師，錄製一套完整的學科教育影片，內容涵蓋國、英、數、社、自等所有學科內容，並透過「網路開放課程」的方式，完全免費開放給全台灣數千所小學、國中、高中直播，學校只要準備好充分的硬體設施，確保每個學生在上課時都擁自己專屬的電腦可以使用，就可以讓學生在全國任何角落，都得到「名師級」的教育資源，不但教育無落差，更能大幅提昇學習效率！

這套課程也可以直接完全對外開放，這樣不但學生在學校內可以學習，回家後，更可以隨時複習或預習，甚至父母親也可以透過這樣的課程，陪伴小孩一同學習。就算你不是學生，不是家長，只要你有心想要學習，通通都可以免費上網收看，這種開放的教育模式，想到就覺得實在是太棒了！

我所建議的這種「網路開放課程」方法，具有很多優於傳統教學的地方，我提出幾點列舉如下：

（一）因材施教

這種作法，因為每個人都用自己的電腦來收看課程，程度好的學生可以自己直接從難的單元觀賞起，甚至自己快轉播放，為自己找到最合適的學習步調。而程度差的學生，則可以挑選簡單的課程來觀賞，不會有上課跟不上的煩惱。由於每個同學都可以選擇自己的學習步調，又因為這是採取「網路開放課程」的方式，一個老師等於擁有了無限個分身，同一時間可以跟所有的學生分別講授不同的單元，因此明顯比傳統所有學生都聚集一間教室的大鍋式學習，更為落實「因材施教」的理念。否則以前傳統的

做法，一個老師面對一班30、40個學生的教法，根本不可能滿足每個學生的學習步調。

（二）品質保證

由於我們可以事先遴選全國教學能力優異，能讓學生聽得津津有味又獲益良多的老師來參與錄製，因此最終製作出來的影片，不但不可能會有老師經驗不足或不認真教學的授課問題，也不會有因為老師功力不足讓人昏昏欲睡的催眠效果，而是每位學生都能擁有普遍高品質的學習教材。要不然，全國那麼多老師，有的教課經驗十分貧乏，有的缺乏教學熱忱，有的整天廢話連篇，有的講話令人昏昏欲睡（哪來每個老師都有那麼多笑話啊），最終受害的，還不是學生？而令人遺憾的，這種情況確實非常普遍的存在於我們的學校當中。（看看補習班可以賺多少錢就知道了！）

（三）節省老師辛勞

這種學科的學習方式，因為讓學生透過精心錄製的影片來學習大部分的課程，因此完全不用全國的老師們再每年都重複講一樣的話，節省掉全國老師許多不必要浪費的力氣和教學能量。不過，當然也不能夠只有影片學習，也要讓學生有疑問的時候，能夠得到互動與解惑。因此針對此需求，學校可以設置專門的討論空間，並且配有專任老師，讓學生自行跟老師進行小組或一對一討論，針對影片中不懂的疑問進行解惑。如此一來，不但全國的學科教育具有齊一的統整性，更可以大幅減輕老師授課的辛勞，實在是一個好處多多的做法！

其實，這樣的構想，我在2007年就開始在台灣持續推動。2010年

時，我更創辦Fun Learn網站（www.FunLearn.tw），開始自己錄製並邀請其他老師上傳影音課程，不過由於完整的影音課程錄製或收集十分辛苦，大部分已經有的影片又是補習班老師的賺錢工具，願意完整釋出的老師是少之又少，所以我希望有更多有錢或有能力的老師，能一起投入這樣的華語G12（一年級到十二年級）「網路開放課程」計畫，讓台灣獨步全亞洲，率先構築起完整有效率的學科學習網。

《有興趣的老師請與我聯繫：superpiano0429@yahoo.com.tw》

人的無限潛能──過去不可能不代表外來不可能

我常常在思考一個問題：如果一個人可以從小到大，盡全力專注開發自己的天賦，將自己的潛能完全實現出來，那麼人生究竟可以不可思議到什麼程度？如果每一個人，都可以找到適合自己的教育方式來學習，每一個人都成就自己人生最精采的姿態，那這個世界看起來究竟會有多麼的美好呢？

大部分的人，由於受到了傳統教育「拿到好分數、考上好大學、找到好工作」這樣狹隘觀念的長期薰陶，縮限了自己對於人生的認知，並對於庸庸碌碌的人生習以為常。永遠不敢去放膽想像，自己可以擁有多麼美好的生活。永遠不敢去勇敢嘗試，追求自己發自內心真正想要的生活，而這其實是沒有道理的。

人類的歷史已經走過六千多年，自古以來從來不乏才華洋溢、成就非凡的奇人異士，在政治、宗教、商業、科學、藝術、運動等的領域大放異彩。而這些人當中，有的出生平凡、毫不起眼，有的窮困潦倒、甚至身患殘疾，但是卻因為自己的努力和時代的際遇，一躍而達到了許多人不敢想像的成就。他們能夠有令人嚮往的人生成就，為什麼我們就不可能呢？因此，我們每個人都應該去認真思考

一個問題：「如果一個平凡的人透過學習和努力，實現不可思議的夢想是可能的，那麼剩下的重點只有一個，就是我們該透過什麼樣的教育來開發自己的能力，實現每個人的夢想？」

訓練大象聽話的方式

馬戲團裡的大象，身型力氣十分巨大，本來可以不受人類控制，但為什麼會乖乖的順從人類的指示而不會逃跑呢？

原來，當大象體型還很小的時候，人們就開始用繩子把小象拴在木樁上，小象起初也會想要掙脫，但因為力量還小，嘗試了很多次都掙脫不了，漸漸的，牠就習以為常，認為自己不可能掙脫，最後甘願順從人類幫他設定的限制活著。即使長大之後力氣變大了，牠也會認為自己永遠也不可能掙脫繩子。

這就好像從小接受傳統教育長大的我們一樣，明明小時候我們都知道辛苦為了考試念書十分的枯燥不快樂，長大後我們也都知道為了討一口飯吃，做不喜歡的工作很痛苦、很無奈。但是大部分的人，因為從小到大都被一條無形的繩子，緊緊的拴在傳統教育這個大木樁上，從來也不知道該怎麼脫逃到其他的生活方式，於是到了最後，很多人就認命的把自己的人生釘在這個框架上，而不願意再去嘗試實現自己的潛能，找尋自己真正想要的人生了。

科學上認為人有無窮無盡的潛能

心理學之父詹姆斯（William James）說過：人類擁有的心智能力遠超過他們所用到的。而根據腦科學專家的研究則顯示，人類的大腦有一千億個腦細胞，就像一台超級電腦，只要懂得如何正確的使用他，他就可以幫助你達成翻天覆地的驚人成就。

關於上述的論點，我一直非常的相信，並時常運用在我自己身上。事實上，我認為我們的傳統教育，根本一直在扮演扼殺孩子心智才能的元兇。因為傳統教育並不重視獨立思考、創造能力、藝術薰陶、個人特質等等的培養，反而企圖把每個人都訓練成機械式的考試機器，偏偏前者，才是人類之所以能夠不斷進步的根源，而後者，恰恰是扼殺掉了人類最大的潛能，反而把人降低到機器人般唯命是從的層次。

教育的英文字「Education」，源自於拉丁文「Educare」，意思是挖出、取出，代表教育的精神，是挖掘一個人內在的東西，協助每個人找出自己生命的姿態，但這恰恰與我們現行傳統教育的做法相反。在台灣的學生，從小學開始到大學，仍逃脫不了學習狹隘的學科，並用大量塞滿、填鴨、強記的方式在進行我們的教育，而非讓每一人找到他自己最珍貴的特質，並且發揚光大。

難怪，傳統教育無法培育出像是流行音樂天王周杰倫、國際大導演李安、高爾夫球后曾雅妮、魔術表演家劉謙、網球好手盧彥勳等這種多元化的人才。這些人，都是在台灣土生土長，最後卻在國際發光發熱的成功人士，他們不但充分的發揮了自己的天賦和熱忱，為自己的人生道路寫上精

采的一筆記錄，他們能獲得的財富報酬，更是許多聽話乖乖念書，最後卻只領22K的大學畢業生遠遠不敢想像的。而最諷刺的則是，這些人的成功沒有一個是傳統教育所栽培出來的。

因此，我們必須要相信，**人是可以有無限的潛能，人是可以實現自己的夢想，人是可以透過正確的教育方式，達到不可思議的成功。只要你用對方法，只要你找出自己的特質，並且努力開發它們，你就有機會發現自己具有無窮無盡的潛力。**最後，大家再看看發生在我自己身上的例子吧！

傳統教育外的學習讓我實現不敢想像的潛能

我在小學的時候，也是一個非常平庸的人，不但學業成績普普通通，而且在傳統教育單一的價值觀下，我除了對念書升學以外的世界一無所知，也不知道人其實是有非常多種的才能，所以自然而然就很容易只以學業成績做為評定自己的唯一標準。當時的我認為在學業上，其實我已經付出了相當程度的努力，但卻永遠只能得到一個普通的成績，代表我一定只是個平凡的人，不要妄想會有什麼不凡的成就！但這種自我否定的想法，直到9歲的時候，卻因為一件事從此被推翻。

從我念小學時，我爸媽就會帶我們家三個姊弟，每週六固定去學溜冰，並且還參加專業的溜冰隊，定期訓練和參加比賽（這就是在傳統教育外嘗試不同事物）。在九歲的那一年，很幸運的，經過一整個暑假的刻苦訓練後，我居然在一次全國性的大賽中，拿到了全國9歲男子組的冠軍，消息傳回我的學校後，在一次的朝會當中，我居然還在全校面前公開接受

頒獎表揚！

　　這件事情可震撼到我了，從前的我一直以為上台領獎，是那些聰明又厲害的人才能擁有的，是我這個「平庸」的人所不可能得到的。但是這次的經驗，卻讓我第一次發現了，雖然我在學校的課業上面沒有出色的表現，可是我在其他的領域卻能夠有超越一般人的成就，所以我未必就一定是個平庸的人，只是在錯誤的戰場跟別人一起競爭罷了，既然這樣，我為什麼要用這麼消極的觀點來看待我自己呢？

　　後來，我就漸漸的學會，不再以傳統教育的價值觀，來作為認定自己的唯一標準，並且開始相信，自己能夠透過學習和努力，開發出驚人的潛能，實現不敢想像的夢想。就是抱持這樣的信念一路跌跌撞撞到今天，我還真的意外的做到了許多以前認為不可能做到的事，例如：從放牛班大逆轉考上台大、學會鋼琴和吉他等樂器、學會創作音樂並自己發行CD、與流行歌手合作專輯作曲、與藝人合作拍攝MV、受邀在校園進行鋼琴演奏、寫了兩本書並在市面上販售、一手創辦教育網站、開一家自己的公司、在校園進行巡迴演講等等……

　　這些小小的成就雖然也不是真的有多麼了不起，但是對於小時候那個認為自己很平庸的我來說，我的故事卻足以跟大家證明，當一個人能夠不設限的去發揮自我的心智，人生真的就能夠釋放出你原本想像不到的潛能，蛻變到一個全新的自我境界。否則如果不是從小我父母這麼用心，會帶我去嘗試不同的事物，那我肯定只會以我在學校裡的表現來認定我自己，我會永遠對我自己的認知就是「平庸」，之後也可能只是繼續乖乖念

書、乖乖考上大學、畢業後乖乖找工作，並且永遠不敢去追逐心中真正的夢想，絕對不可能變成像現在這樣的我。

消除扼殺潛能的言行舉止

如果，人真的有巨大的潛能還沒有使用，那究竟該怎麼將它們開發出來呢？首先第一件要做的事，就是改變自己的思維，並且徹底消除會扼殺你美好未來的言行舉止。例如，很多人對於自己心目中的夢想，不敢去追求去嘗試，因為認為自己不可能做到。請注意！這個「認為自己不可能做到」，就是一個扼殺自己潛能的思維，一定要徹底根除！

有一句話說：「你認為世界是什麼樣子的，它就是什麼樣子的。」如果你認為夢想是可能的，它對你就是可能的，你就會改變你每天怠惰的生活，高高興興的去朝它努力。反之，如果你認為夢想是不可能的，那它對你就是不可能的，於是你就會直接放棄去努力，然後你的想法也就真的成真了，因為夢想確實很難降臨在一個不努力的人身上。（就算是中樂透也要你願意起身去買彩券吧？）

潛能開發大師哈福・艾克曾說過：「**沒有一種想法在你的腦袋中是不用付出代價的，它不是把你帶向幸福快樂，就是使你遠離它們。**」所以，檢視你腦中的想法，到底是幫助你實現潛能還是扼殺潛能，是非常重要的。從前我告訴過我的學生，如果未來你遇到任何你想要達到的夢想，都不可以告訴自己：「我做不到！」要改成告訴自己「我要如何才能做得到？」前者是一個肯定句，讓你直接放棄追尋夢想，後者卻會讓你的大腦

開始運作，並開啟無數個邁向成功的可能性。一個小小說話習慣的改變，就能夠開始幫助你開發你的潛能。

2012年的一部電影「鐵娘子」，描寫英國首相佘契爾夫人的生平故事，裡面有一段經典的台詞：

注意你的想法，因為它們會變成你講出來的話語

注意你講出來的話語，因為它們會變成你所做的事

注意你所做的事，因為它們會變成你的習慣

注意你的習慣，因為它們會變成你的性格

注意你的性格，因為它會決定你的命運

從這裡，我們就看出，一個人的命運究竟是好是壞，除了不可改變的外在因素之外，就是源自於你的想法和說出來的話，以下是一些負面的人常會使用的話與，看看你是否很熟悉：

「從前沒有人做到過，我（你）也做不到。」

「這是不可能的事。」

「我（你）永遠都做不到的。」

「小孩子怎麼可以……」

「成功都是那些少數的人，我（你）怎麼可能呢？」

習以為常把上述話語掛在嘴邊的人，就是屬於很難開發出獨特潛能，實現非凡夢想的一類人，因為他們不能接受常理以外的事物，會習慣性的直接嗤之以鼻或者反對，只能夠接受大部分人所能夠認知的事物，而「大

部分人所能夠認知的事物」，說穿了就是兩個字：「平庸」。

　　為什麼我們不應該去教育小孩什麼是可能，什麼是不可能？難道告訴小孩子這些常識是錯的嗎？原因是，我們至今還完全不了解人類心智真正的極限，我們也必須要承認，這世界上有數不清能夠展現心智的領域，每個領域又擁有無限可能的發揮空間。例如，沒有人明白為什麼周杰倫在作曲這個領域上面，就能夠信手拈來優美動聽的作品，根據統計，在2008年時，周杰倫為自己和他人寫的歌估計已經超過200首歌曲作品，而且這些作品的創新性和傳唱程度，在台灣絕對是前無古人的。所以在周杰倫還沒有出現以前，這樣的成就在一般人的認知裡，確實就是「不可能」，但周杰倫證明了，人類的心智絕不能用我們的常識去限制，應該盡力給予它無限翱翔的空間。

洞悉未來才能不被時代淘汰——未來在等待的人才

如果教育一部分的目的是為了提供孩子未來能夠生活的技能，那我們在為他們找尋合適教育內容的時候，就應該先去思考未來看起來是什麼樣子，我想這是一個教育設計者所應該做到的基本功。對於現在還在念1～12年級的學生，當他們進入社會時已經是5年到15年後，對於快速演變的現代社會來說，這些時間對世界產生的改變不容小覷。

可以預見，未來的世界會需要越來越多充分開發自己潛能，並充滿創意和熱情的新世代領導人，來帶領人類創造不凡的歷史。這些未來在等待的人才，真正的特色在於創意、熱情、樂觀、感性、智慧等特質，絕不是守舊、聽話、呆板等這些傳統教育所形塑的特質。我們有越來越多的困難和需求，需要更多全方位整合能力極強，並富有善良同理心的年輕世代，出來解決、協調、創造，而這些能力是當前傳統教育所遠遠無法培養出來的。下面幾個領域，在未來都會需要大量的人才，我們值得讓孩子從小就認識，並帶領他們思考未來是否有機會能夠參與其中：

（1）全球糧食危機

（2）全球水資源匱乏

（3）乾淨能源（核融合）的開發

（4）新型態藝術的展現

（5）疾病、老化的對抗

（6）太空探索

（7）人口壓力

（8）環境污染

（9）種族宗教對立問題的解決

（10）氣候變遷

（11）奈米科技

機械性的工作將急速減少

　　拜科技發展之賜，全世界一直以來，都在以越來越有效率的方式在進行生產，也越來越頻繁的使用機器以取代人工，減少人事成本。所以從現在開始到未來，那些不需要思考、不需要創意的機械性工作，肯定將會急速減少。這樣的趨勢，對於那些沒有充分去探索自己的天賦和熱忱並開發出獨特才華，最後只能夠出賣自己的時間、體力來工作的人，未來都將會成為最先被犧牲掉的勞工。

　　所以經濟學家保羅‧克魯曼（Paul Krugman）曾評論過：「任何遵循明確規則可完成的工作，都會被電腦取代。」我們可以由以下這則報導來清楚的看到這股趨勢：

 報導分享

不需要再雇用員工！電腦自動結帳

（路透芝加哥31日電）

　　世界最大零售業者沃爾瑪公司（Wal-Mart）正在測試「自助掃描結帳」系統，將讓顧客能用自己的iPhone掃描商品，然後在自助結帳櫃檯付帳。這項措施有望減少結帳時間，並大幅降低零售商的成本。如果「自助掃描結帳」（Scan & Go）系統測試成功，可望改變人們購物和付帳的方式，使購物過程變得更個人化，而且可能更快。

　　根據問卷調查公司Survey Monkey網站，沃爾瑪本週稍早邀請擁有蘋果公司（Apple）產品iPhone的員工，到總部附近的阿肯色州羅傑斯市（Rogers）大賣場參與測試。零售諮詢公司Willard Bishop經營合夥人魏澤爾（Paul Weitzel）表示：「這是為了加速結帳過程，讓我們能減少成本，改善客人的購物經驗。」

　　沃爾瑪數月前表示，將在沃爾瑪賣場和旗下的山姆會員商店（Sam's Club）增設更多自助結帳線道。沃爾瑪正在持續尋找降低成本和商品價格的方法。沃爾瑪財務長霍里（Charles Holley）3月7日指出，推動更多顧客掃描自己購買的商品，並自助付款，能為公司省下好幾百萬美元。

　　沃爾瑪曾表示，在不只是美國連鎖賣場，平均每秒交易時間得支付收銀員1200萬美元薪水。中央社（翻譯）

　　從這則新聞我們可以很清楚的看到，不只是沃爾瑪，像家樂福、大潤發或任何賣場這種只是快速的拿商品、掃條碼、操作收銀機的結帳人員。不但由於缺乏人才的稀有性，不可能得到好的待遇，更慘的是，未來透過機器人或其他的新科技，更有機會完全取代掉這種無需思考的工作。屆時靠這份工作餬口的大批員工只好被解雇，不得不去尋找其他的工作。（但類似的工作又越來越少了，唉～）

　　所以，如果你始終只能提供出賣勞力、出賣時間、機械式操作的服務，例如收銀員、搬運工、警衛、服務生，甚至既使你擁有專業知識，但是類似的人才已經在社會上過多，那麼你的就業環境肯定就會越來越嚴峻，因為這樣的工作在未來，毫無疑問的必定會被越來越發達的科技和機器所取代，於是這樣呆板的工作機會將會越來越少，這樣的人力卻越來越過剩，最後的情況就是工作越來越難找，並且薪資被越砍越低，形成越來越可怕的惡性循環。既使有政府出面維持「最低工資」，但歷史的教訓告訴我們，在經濟市場上不具競爭力的商品或服務，就算政府出面干預或挽救，終究會漸漸走向崩潰。念大學的時候，有個老師曾經告訴過我們：「人多的地方不要去」，對於那些一窩蜂跟大家走一樣的路，從來沒有努力培養與別人不同能力的人來說，是時候該醒過來了！

培養洞悉價值的能力

　　人才究竟是什麼？許多人都有不同的說法，我曾經聽過一個簡單清楚的定義：「人才就是具有提供美好價值的能力。」什麼是美好價值，在我

的解讀裡面，就是人類會需要或者可以讓人覺得人生更快樂、更精采的事物，都可以算得上是美好價值，例如一首好聽的歌就是有價值的，一部精采的電影也是有價值的。

　　傳統教育往往不會強調培養一個人能夠賞識價值的重要，反而認為每個人都應該把自己訓練成專精某個領域的人才，因為這樣子才找得到工作。但是既使是一間公司的老闆，往往也因為是能夠發掘某樣事物的價值，才能成功的轉換為金錢，甚至雇用更多的員工來壯大自己的公司。

　　做白日夢空幻想是有價值的嗎？傳統教育可能會毫不猶豫的給你否定的答案。但如果你的幻想編織出了一個深邃美麗的情節，那可能就能可以被拍成一部熱賣的電影，像鐵達尼號，或是你幻想出一個奇幻萬千的虛擬世界，那也可能被寫成一部知名的書籍，像哈利波特，如果你真的能夠擁有洞悉這種難以察覺價值的能力，除了擁有無法取代的成就感外，要賺到一生也花不完的財富也是有可能的。

　　現在我們換個角度想，如果把時間拉到20年前，當詹姆斯柯麥隆跟你說他腦袋中幻想的東西，或J.K.羅琳跟你說他構思的魔法世界，你會驚艷的大力讚許他請他務必完成這樣了不起的作品嗎？一般人應該是不會吧，像我自己就沒這種眼光！這就代表我們還沒有足夠洞悉價值的能力，那麼我們就無法參與未來世界新的產品、新的服務、新的概念和應用。我們也可以把這個議題再推廣，如果我們看到自己的小孩整天沉迷看小說、拼拼圖、玩積木、作摺紙、打扮自我、畫畫，我們又會用什麼角度去看待這些事情呢？是把他歸類為玩玩而已、荒廢學業、毫無意義、不務正業，還是

我們能從中挖掘出這些事物的價值，甚至開發出它背後所藏有的財富呢？

　　未來在等待的人才，肯定是需要能夠賞識新奇的事物，和從來也沒有出現過的新概念，因此比起去武斷的認定什麼是對、什麼是錯，比較好的作法還是以更開放的態度，去看待我們周遭許多事物，並且多發揮想像力，思考這世界是否能有不一樣的面貌，這種能力的鍛鍊，才是比機械式的思維更具競爭力的能力。

不那麼守規矩的學生

　　傳統教育往往對不遵守規矩、不好好念書、考不到高分的學生，非常習慣性的將他們分類為「不對的行為」，並且盡力要將他們矯正。但是其實，比起守規矩的學生，未來的世界更需要「不那麼守規矩」的學生。

　　從歷史上我們不斷的看到，那些看得到未來，具有非凡洞見的人，往往被同時代的人視為異端，例如被以不敬神處死的哲學家蘇格拉底、活著的時候被人視為瘋子的畫家梵谷、公然反抗天主教的馬丁路德、提出日心說的哥白尼等。這些人都曾經被當代的人視為是瘋子、罪犯，但是若是沒有他們當初的「不正常」、「不守規矩」，又怎麼可能會為這個世界留下這麼多的價值呢？可見，守規矩這種現象，是一種相對的概念，世界會變規矩就應該變，能敏銳的察覺正確的路，適當的調整想法和作法才是聰明的人，才有希望成為未來在等待的人才。而對於不合理的規矩不能夠去突破、去改變、去機伶的以不同的方式來應對，而只是一昧守舊的人，相對之下反而只能當個追隨者。

　　當然，這邊的不守規矩，絕不代表那種惡意破壞規矩、違反法律、恣意妄為造成大家困擾的行為，而是指不僅僅為守規矩而守規矩的態度，而能夠去思考一個規矩成立背後的原因和道理，當時空條件改變，也能夠靈活的改變做法。像這種有頭腦、有勇氣的心智，才比較有希望在這個詭譎多變的未來世界成為最後勝出的人。所以如果守規矩並不是那麼絕對的一件事，身為教育工作者的我們，對於擁有創新見解和不同思想的學生，也應該用彈性的心態去面對，不應以唯一的標準答案來限制他們的想法，鼓勵那些能擁有不同想法和獨立思考能力的學生，因為他們很可能就是未來在等待的人才。

全方位的人才

　　孔子曾在三千年前說過：「君子不器」，意思是人不應只做個社會的螺絲釘，而這個跨時代提醒到今天仍然受用無比。所謂全方位的人才，就是一個人不只應該具備獨特的專業知識，更應該具有普遍的通才能力，例如運動、社交、正向價值觀，尤其是藝術方面的陶冶更是不能或缺，包括音樂、舞蹈、美感等等的培養。

　　音樂和藝術審美的能力，不只是讓一個人在言行舉止上更為具有人文素養，事實上它更會影響到其他領域的表現。在《大腦開竅手冊》這本書裡有提到：「學習彈奏樂器的孩子，比起沒學音樂的孩子，具有比較好的空間推理技巧」。有些人會懷疑，為什麼學音樂可以幫助空間推理能力呢？因為一首曲子的節奏、旋律變化，都富含豐富的思維架構和邏輯規

則。尤其是古典音樂所蘊含的理性和美感,都會在潛移默化中賦予孩子一種「神奇的力量」,除了讓他們無形中建立起對於抽象思維的理解和認識,更可以提供一種超越的力量,讓心靈不會局限於眼前的小框架,反而跳脫到寬廣心靈的無涯世界。這種力量的建立可以協助培養發展出一個具有人性的特質,包括對痛苦的化解、挫折忍受的增加、同理心的建立、道德感的提昇等。

而且我還必須要提醒,這方面的培養應該要趁早,因為科學家曾經研究過,在人類出生最初的那幾個月,頭腦會對外界的訊息有著強烈的反應,並且這個反應會影響一輩子,稱為發育敏感期,在那個時候學語言、學音樂都會非常的快速,如果到成年之後才開始學某種語言,即便學到非常流利的程度,根據科學家對腦部造影的結果顯示,這些人聽到母語和聽到另一種語言時,腦部活化的區域雖然很靠近,但仍是不相同的,所以人的教育在幼童時候就要開始,尤其學語言、學音樂都要趁早,否則長大後再開發肯定事倍功半。

除了音樂藝術這種看起來「很有水準」,事實上有些看起來比較會被大人認為是「不正當」的活動,適度的讓孩子參與也是一件好事,例如「電玩遊戲」。曾經有一項研究結果指出,對於那些常打動作電玩的大學生,在短時間內透過視覺刺激所能辨認出的物件數目,比不打電玩的大學生多出50%,而且,這些大學生他們記取資訊的速度也較快,甚正能夠同時追蹤更多事物,轉換思維的能力也較強。而對於另一組不常打動作電玩的學生,後來經過每天1小時,為期10天的動作電玩遊戲訓練後,專注力

也能改善。像以前念大學時，我也常跟朋友玩動作電玩，例如「CS」這種射擊遊戲，既使我的朋友功課沒有我好，但是在我一開始接觸這類遊戲的好一陣子，我還真的是「反應遲鈍」，根本比不上我的朋友，只見他們的手指頭總是飛快的在鍵盤和滑鼠上游移敲擊，電腦畫面以飛快的速度不斷切換，然後我就糊里糊塗的被他們在遊戲裡面殺死了，我簡直甘拜下風。後來我總算是越練越精明，反應力也越來越快，而且我也能夠感受到，這種思維更敏捷的改變，也能夠反過來展現在我自己的念書和學習上。所以看起來，**這個世界多元的東西還真的都應該去嘗試一下，以激發孩子各方面的能力。**

誰說老而無用？
活到老、學到老、玩到老

　　受到傳統教育思維的影響，人生彷彿都有既定的公式，只要照走就對了，不需要去多想也不要去質疑。於是從小好好念書，長大考好大學，畢業找好工作，最後退休養老，就變成一種人人熟悉的人生公式，好像遵循這種生活方式才叫做對。這樣一種刻版化的人生公式，就讓很多人自然的認為退休之後，就是人生最後的一段路，只需要安安靜靜的養老就好，沒有繼續發光發熱的權利和必要性。

　　但是，這種觀念其實只是近代短暫幾十年的社會模式，所給予我們的價值觀，它既不代表普世價值，更不代表每個人都應該要遵循這樣的模式進行。

長者不應該是社會的負擔

　　傳統的觀念總是教育我們，年老的人無法工作，沒有產出，是已經脫離社會勞動階層的人，所以一個國家老人的撫養必須由在職場上工作的年輕人來承擔。這樣的論點，主觀武斷的把老人定義為「無法產出的」是有些偏頗的。仔細思考後就會發現這種想法並不是那麼的理所當然。

　　在古老的時代，經濟的產出主要是靠勞力，例如

下田耕種、工廠上班，年紀大了體力耐力都不如年輕人，所以只能靠年輕人養老了，在這種情況下這樣的論點或許還有幾分道理。但是對於近代，不靠勞力的工作越來越多，取而代之的是經驗跟技術，這些非勞力的工作勝出因素，對於年長的人來說這正是他們最可貴的因素，應該年紀越大，能夠累積越多可貴的經驗來提供經濟市場所需，讓我們來看看以下的例子：

「不老騎士」的瘋狂追夢

　　2007年時，在「弘道老人福利基金會」的策劃下，公開舉辦了「不老騎士環台」的活動，邀請全國年長的阿公阿嬤，一起重拾年輕時的夢想，騎上機車環島13天。這個令人驚奇的壯舉，當年轟動一時，成為大家爭相注目的新聞焦點，甚至在2012年的10月，還被拍成了紀錄片在電影院上映，更吸引國內外的媒體爭相報導呢！

　　有人會覺得，一群老人居然騎車騎那麼遠，簡直就是危險又瘋狂，不過弘道老人福利基金會執行長林依瑩說：「**我們窮極一生，幾乎都為了別人生活，為家庭打拚忙碌，等到終於可以卸下壓力為自己做些什麼的時候，這個社會不給機會了！**」確實，誰說老人就沒有權力過精采的人生，誰說老人就不能夠勇於冒險嘗試新事物，這樣的人生又有什麼意思呢？

　　當年參加這個活動的不老騎士，是平均年齡81歲的17位阿公阿嬤，其中有2位曾罹患癌症、4位患有重聽、5位身染高血壓、8位得到心臟病。但他們共同的夢想，就是在人生已經走到將近尾聲的時候，希望再次的精采活一遍！當中有人把環台當做送給自己的九十大壽禮物，因為年輕的時候

一直沒有實現過，也有人把亡妻的照片放在車頭一路騎著，因為曾答應她到了80歲要載著她環島。這些不老騎士在這旅程中分享的各種小故事，透過媒體、廣告、新聞傳播了出去，感動千千萬萬人的心。原來，這個看似瘋狂的舉動，背後卻是象徵著一個更觸動人心的訊息：「人生絕對不是只是為了活著，有意義的生活才能彰顯生命的價值。」

　　而這不就是本書一直在傳達的精神嗎？傳統教育一直在企圖安排一條活得安穩的道路（雖然現在看來也十分失敗），卻嚴重忽略了每個人不同的人生價值需要被實踐的可貴。比起好好念書、考上好大學、找份好工作來說，心靈價值的充實和滿足，絕對才是更優先必須被成就的目標！

近七十歲建立肯德基的桑德斯上校

　　肯德基，是全球家喻戶曉的炸雞連鎖餐廳。滿頭白髮，留著一搓白色山羊鬍的肯德基爺爺，更是這家連鎖店人盡皆知的活招牌。這家在全世界擁有17000家門市的跨國連鎖餐廳，其創始人桑德斯上校，居然是在近70歲的年紀才創辦了肯德基。

　　桑德斯上校（HarlandDavidSanders，1890－1980，美國）在40歲時，原本是美國一家汽車旅館餐廳的廚師，在他66歲的時候，因為美國75號路修築，被迫離開原本的餐廳，靠社會保險金過活，許多人在這種情況下，都只會選擇默默的忍受微薄的保險金，拮据的度過乏味的餘生。但桑德斯上校卻不認為自己已經年紀大就沒有扭轉人生的可能，他反而決定要建立起自己的炸雞事業，所以開始走遍全國推銷自己的炸雞方法，在這段

日子裡，他遭受無數的嘲笑和拒絕，在最後被得到肯定之前，他總共被拒絕了1009次，還好他並沒有放棄自己，仍然努力不懈的為了更好的生活而努力，最後終於成為一位富翁和速食界家喻戶曉的巨人。

98歲拿到碩士的趙慕鶴爺爺

　　民國一年出生在大陸山東的趙慕鶴爺爺，因為國共內戰，輾轉逃難到台灣來，工作了大半輩子，從高雄師範大學輔導中心主任退休後，就一直住在退休員工宿舍。但他退休後並沒有認為從此人生就該「休息」，反而仍然有著積極活潑的人生態度。

　　除了在醫院當志工，74歲時他還在不懂說英文、不會用電腦的情況下，獨自一個人到歐洲自助旅行。天啊，這會不會太有種了啊！跟他比起來，我年紀小得多，英文也說得還可以，都還不敢自己跑到歐洲去玩，他真的很敢去玩他的人生。甚至更誇張的是，在出國前他根本就沒有先訂好房間，每天下午五點鐘，就靠著車站跟著遊覽回來的年輕人一起走，就相信找得到便宜的青年旅館。用這種方式在歐洲玩了五個月，最後只花上16萬元，實在是太不可思議了。

　　92歲時，他從空中大學畢業，成為國內最年長的學士。98歲時，更拿到南華大學的哲學碩士，再一次創造記錄，成為國內最年長的碩士。有個從前的同事退休來拜訪他時，看到他家中放著電腦，就隨口問他：「你都要死了，還學什麼電腦？」他答道：「可是，我現在還活著啊！」

　　這真是活到老學到老的典範！

社會觀察家

　　不只孩子要上學讀書，父母親也要活到老學到老，以下提供終身學習各個網站入口，讓我們一起活到老學到老：

臺北e大	https://elearning.taipei.gov.tw/
臺北市立圖書館終身學習網	http://lll.tpml.edu.tw/
教育部6大學習網	https://learning.edu.tw/wp_sixnet/
學習券線上學習網	http://www.et.nat.gov.tw/NVTC/index.jsp
教育部數位學習服務平台	http://ups.moe.edu.tw/

當一個人真的如願並順利的找到了天賦和熱忱，固然是好事，但是也未必就能如願的沉浸在自己的世界裡。因為一般人除非有穩定的經濟來源，否則當他到了成年之後，就不得不為了生活，去找份工作來養活自己或家人，同樣會被迫放棄自己真正想過的人生。所以，務必要考量到一個很重要的因素，來決定自己人生的路要怎麼選擇，這個因素，就是市場。

如果你同時找到了天賦、熱忱和市場，那麼恭喜你，離夢想又更近了一步！但在美夢成真的這一路上，有三件事是你必須要去做的，如果忽略了其中一點，那麼你未來的成功之路有可能會受到嚴重的阻礙，甚至最後可能走進一條死胡同中，永遠也無法到達柳暗花明的一天。

實現夢想重點1. 不斷的努力再努力！

即使已經找到了天賦和熱忱，還必須能毫無保留的拚命去努力，才能在自己熱愛的領域上擁有非凡無比的實力，最終成為真正一流的頂尖人物。

假使你有十足的天賦，但卻不願意努力耕耘，終究也只能淪為平庸的人，還比不上天賦差你一些，可是卻願意比你加倍努力、辛苦付出的人。成為頂尖的人物，與成為平庸的人物，日後不論是成就、收入、影響力，都有著天壤之別。所以，想要在自己熱衷的領域取得非凡的成功，一定要能夠熬過別人所無法忍受的痛苦和寂寞。

切記！不斷努力是成功必經的過程，你，惟有努力再努力！

實現夢想**重點**2. 機會是留給準備好的人！

　　如果你真的想要讓你的才華被他人看到，而不是當作興趣玩玩而已，你就必須將火力集中在你想要成就的領域當中，你不能像瞎子渡河一般，漫無目標的努力。而是必須專心致志盡一切力量，在有限的時間裡催生出你驚人的作品，並且想辦法增加其曝光的機會。如果越多的人看到，你才有更多機會利用自己的才華去實現夢想。

　　在堆出驚人作品或等待伯樂到來之前，你甚至有可能會經歷一段沉澱的時間，這時你必須要耐住性子，養精蓄銳，提昇實力，千萬不能怠惰甚至喪志，這個沉澱的時間有多久，沒有人敢保證，可是只要你願意堅持努力下去，一旦時機來臨，緊抓住機會，相信你的夢想終能展翅高飛。

　　切記！機會永遠是屬於準備好的人，你，準備好了嗎？

實現夢想**重點**3. 廣結善緣，善用人脈存摺！

　　沒有人可以只靠自己成功。很多人對這點感到困惑，為什麼貴人的提攜會影響我們能不能成功？難道自己的才華不足以保證我們的成功嗎？事實上，每個人在世界上，真的幾乎不可能只靠著自己成就大事，自己的才華只是成就大夢想的必備因素，但卻絕對不是唯一的因素。

　　你的才華要想展現出來讓別人看到，就必須要有外來的力量，來幫助你準備適合你的舞台，塑造適合你的形象，聯絡你需要的資源，構思你表演的流程，這些都是需要很多額外的幫助，絕非單單靠你一個人就可以完成。所以如果你真的想要完成不可思議的夢想，你就必須要廣結善緣，善用自己的人脈存摺。因為，也許在這些人脈中，你就會遇到生命中的貴人，他有可能會幫助你徹底的把潛能發揮，將你的才華施展得淋漓盡致，當然夢想就更容易實現了。

　　切記！貴人往往是你邁向夢想那不可或缺的臨門一腳。

好學習 46

沒有好成績，就不可能有好成就？！

化「不」為「可能」，別讓分數抹殺了孩子的天賦

作　　者	高至豪
顧　　問	曾文旭
編輯總監	耿文國、丁莊敬
總 編 輯	黃若璇
助理編輯	林旻豫、許之芸
特約編輯	陳蕙芳
文字校對	林旻豫、許之芸
美術編輯	莊淑婷
法律顧問	北辰著作權事務所　蕭雄淋律師、嚴裕欽律師

印　　製　世和印製企業有限公司
初　　版　2014年10月〔本書為「12年國教─學習的革命」之增訂版〕
出　　版　凱信企業管理顧問有限公司
電　　話　（02）6636-8398
傳　　真　（02）6636-8397
地　　址　106 台北市大安區忠孝東路四段218-7號7樓

定　　價　新台幣260元／港幣87元

總 經 銷　商流文化事業有限公司
地　　址　235新北市中和區中正路752號8樓
電　　話　（02）2228-8841
傳　　真　（02）2228-6939

港澳地區總經銷　和平圖書有限公司
地　　址　香港柴灣嘉業街12號百樂門大廈17樓
電　　話　（852）2804-6687
傳　　真　（852）2804-6409

國家圖書館出版品預行編目資料

沒有好成績，就不可能有好成就？！化「不」
為「可能」，別讓分數抹殺了孩子的天賦 / 高
至豪◎著-- 初版. -- 臺北市：凱信, 2014.10
　面；　公分
ISBN 978-986-5916-49-7

1. 親職教育　2. 子女教育
528.2　　　　　　　　　　　103017899

讀者回函卡

親愛的讀者，感謝您購買《沒有好成績，就不可能有好成就？！》歡迎您針對本書內容填寫讀者回函卡，以作為我們日後出版方向的參考，我們將不定期寄發新書相關活動資訊給您，並持續為出版膾炙人口的好書努力。再次感謝您的支持！祝福您有個美好的閱讀時光！

您的姓名：＿＿＿＿＿＿　　　聯絡電話：＿＿＿＿＿＿＿＿＿＿＿＿

傳　真：＿＿＿＿＿＿　　e-mail：＿＿＿＿＿＿＿＿＿＿＿＿

出生日期：＿＿＿＿年＿＿＿月＿＿＿日

您的學歷：□高中及高中以下 □專科與大學 □研究所以上

您的職業：□製造業 □銷售業 □金融業 □資訊業 □學生
　　　　　□大眾傳播 □自由業 □服務業 □軍警 □公務員 □教職員 □其他

您在何處購得本書：□金石堂書店 □誠品書店 □大賣場 □一般門市 □網路書店
　　　　　　　　　□K-shop

您為何購買本書（可複選）：

□親朋好友介紹 □內容吸引人 □主題特別 □促銷活動 □作者名氣

□書名 □封面設計 □整體包裝 □網際網路：網址＿＿＿＿＿＿＿＿＿＿＿＿

□其他＿＿＿＿＿＿＿＿＿＿＿＿＿＿＿＿＿＿＿＿＿＿＿＿＿＿＿＿＿＿

＿＿＿＿＿＿＿＿＿＿＿＿＿＿＿＿＿＿＿＿＿＿＿＿＿＿＿＿＿＿＿＿＿

您對這本書的評價：□很好 □好 □普通 □差

您會推薦本書給朋友嗎？□會 □不會 □沒意見

您最想看哪些作者、題材的書：＿＿＿＿＿＿＿＿＿＿＿＿＿＿＿＿＿＿＿

＿＿＿＿＿＿＿＿＿＿＿＿＿＿＿＿＿＿＿＿＿＿＿＿＿＿＿＿＿＿＿＿＿

＿＿＿＿＿＿＿＿＿＿＿＿＿＿＿＿＿＿＿＿＿＿＿＿＿＿＿＿＿＿＿＿＿

您最感到頭痛的生活問題是什麼：＿＿＿＿＿＿＿＿＿＿＿＿＿＿＿＿＿

＿＿＿＿＿＿＿＿＿＿＿＿＿＿＿＿＿＿＿＿＿＿＿＿＿＿＿＿＿＿＿＿＿

＿＿＿＿＿＿＿＿＿＿＿＿＿＿＿＿＿＿＿＿＿＿＿＿＿＿＿＿＿＿＿＿＿

給予我們的建議：＿＿＿＿＿＿＿＿＿＿＿＿＿＿＿＿＿＿＿＿＿＿＿＿＿

＿＿＿＿＿＿＿＿＿＿＿＿＿＿＿＿＿＿＿＿＿＿＿＿＿＿＿＿＿＿＿＿＿

＿＿＿＿＿＿＿＿＿＿＿＿＿＿＿＿＿＿＿＿＿＿＿＿＿＿＿＿＿＿＿＿＿

＿＿＿＿＿＿＿＿＿＿＿＿＿＿＿＿＿＿＿＿＿＿＿＿＿＿＿＿＿＿＿＿＿

請沿線剪下來

教育，
使人成為他自己

教育，
使人成為他自己